O LIVRO ESSENCIAL DAS

BRUXAS

MEG ROSENBRIAR

O LIVRO ESSENCIAL DAS BRUXAS

GUIA COMPLETO DE FEITIÇOS E RITUAIS

BOOK ONE
São Paulo
2023

Tradução	*Lina Machado*
Preparação	*Isabella C. S. Santucci*
Revisão	*Silvia Yumi FK* *Tainá Fabrin*
Arte, projeto gráfico e diagramação	*Francine C. Silva*
Ilustrações e capa	*Marcela Lois*
Impressão	*Grafilar*

Dados Internacionais de Catalogação na Publicação (CIP)
Angélica Ilacqua CRB-8/7057

R724L Rosenbriar, Meg

O livro essencial das bruxas : guia completo de feitiços e rituais / Meg Rosenbriar ; tradução de Lina Machado. — São Paulo : Book One, 2023.

288 p.

ISBN 978-65-88513-05-7

Título original: *The Healing Power of Witchcraft: A New Witch's Guide to Rituals and Spells to Renew Yourself and Your World*

1. Wicca I. Título II. Machado, Lina

23-3969 CDD 229.94

Para os Kents e os Rosys,
que vocês sejam eternamente jovens.

SUMÁRIO

FELIZ ENCONTRO

BEM-VINDAS AO MUNDO MÁGICO DA CURA PELA BRUXARIA. Eu sou Meg, a Bruxa da Costa, uma bruxa dedicada à cura por meio da magia prática e da vida intencional. Embora eu tenha bacharelado e mestrado em estudos religiosos, o aprendizado e o crescimento pessoal mais importantes que vivenciei ocorreram em meu altar de bruxa. Como praticante solitária, comecei minha prática de feitiçaria conectando-me comigo mesma e reverenciando os ciclos da natureza. À medida que desenvolvi meu conhecimento interno sobre bruxaria, uma coisa poderosa aconteceu. Eu desenvolvi minha conexão com meus vizinhos, comunidades e com meu planeta também. Continuo descobrindo que com quanto mais energia de bruxaria eu me envolvo pessoalmente, mais energia de bruxaria posso oferecer e compartilhar com outras pessoas para ajudá-las e curá-las.

Acredito que todos nós temos o poder de usar a magia para curar a nós mesmos, nossas comunidades e nosso planeta. Bruxas canalizam esse poder por meio de feitiços, rituais e contemplação intencionais. Na Parte 1, vou guiá-la em direção ao seu próprio caminho feliz, apresentando-lhe os elementos da bruxaria que você precisará conhecer antes de iniciar a magia de cura. Nas Partes 2, 3 e 4, descrevo magias de cura práticas que você pode realizar para si, suas comunidades e seu planeta, respectivamente. Embora ninguém deva substituir ou mudar de modo radical seus planos atuais de cuidado com a saúde sem primeiro conversar com um médico, este livro serve como uma abordagem alternativa e holística para o bem-estar, guiada pelos fundamentos da bruxaria. Ele leva em consideração tanto a cura física quanto a cura emocional, abordando as tensões dos tempos modernos com práticas de bruxaria modernas e atualizadas, criadas especificamente para bruxas contemporâneas atarefadas.

Este livro é um guia acessível para a bruxaria de cura, mesmo para as bruxas mais novatas. Ele oferece práticas descomplicadas com as quais você pode explorar seu poder de cura. Os feitiços fornecidos requerem apenas itens baratos e fáceis de encontrar. Os ingredientes mágicos utilizados são plantas, ervas e especiarias tradicionais, destinadas a familiarizar as novas bruxas com os fundamentos da bruxaria. Ingredientes mágicos não tradicionais, como cristais e óleos essenciais, também são usados para alinhar a prática com técnicas modernas de bem-estar que já podem estar funcionando para você. Bruxas experientes apreciarão a perspectiva abrangente e a abordagem intuitiva como forma de fortalecer e expandir as próprias práticas de cura estabelecidas. Todas as bruxas que lerem este livro descobrirão quanto poder uma bruxa pode ter para curar o mundo.

O importante na bruxaria é tanto experimentar a jornada quanto chegar ao destino. Desejo a você muita paz e muito sucesso enquanto navega em sua jornada única na bruxaria de cura. Assim seja.

PARTE UM

BRUXARIA E CURA

AS BRUXAS REIVINDICAM SEU PRÓPRIO TIPO DE MAGIA POR meio da consciência do próprio ser e dos ciclos universais dos quais fazem parte. Quando o Eu ou o ambiente em que o Eu vive está doente ou desequilibrado, as bruxas sabem. As bruxas querem ajudar e querem restaurar. Como Ray Bradbury postulou: "Bruxas nascem das verdadeiras fomes de seu tempo".

A boa notícia é que todas as bruxas têm uma habilidade inata de realizar magia de cura. Uma bruxa pode decidir seguir diversos caminhos ao trabalhar com bruxaria, mas uma bruxa sábia sabe que trabalhar com magia abundante, saudável e completa é o tipo mais poderoso de magia. Portanto, acredito que todas as bruxas se beneficiam ao explorar a cura mágica.

Uma bruxa entende que sua intuição e intenção são os instrumentos mais poderosos que possui, mas permite que ferramentas mágicas como ervas, óleos, encantamentos e tempo apoiem seu sucesso. Trabalhar com magia real para uma cura bem-sucedida com certeza é possível, porém uma bruxa deve, primeiro, se familiarizar com os elementos e princípios que sustentam a magia bem-sucedida. Esta parte do livro apresenta tudo o que você precisa saber antes de curar a si mesma, suas comunidades e o planeta.

1

CANALIZANDO SEU PODER DE CURA

A bruxaria é a prática da magia. Magia é a canalização da energia como um meio para chegar a um fim. Nosso universo é governado por energia interconectada e propriedades metafísicas correspondentes. A bruxaria oferece um canal para essas energias a fim de criar mudanças para melhor. A feitiçaria de cura é a mudança ou dispersão de energia indesejada com o objetivo de florescer e alcançar a totalidade. À medida que essas velhas energias se dissipam e novas energias saudáveis se enraízam, a pessoa ou situação começa a se curar. Isso, minhas bruxas, é o que queremos dizer com magia de verdade.

O poder de cura da bruxaria vem de duas fontes: a bruxa e o universo. A bruxa é o agente, a criadora. O universo fornece os ingredientes e a receita para o nosso sucesso. Este capítulo guiará você pelos fundamentos da feitiçaria e fornecerá a estrutura para os feitiços e rituais que se seguem. Vamos começar explorando sete princípios da bruxaria que toda bruxa deve adotar para obter os resultados mágicos mais positivos.

SETE PRINCÍPIOS ORIENTADORES DA BRUXARIA

As bruxas se comprometem com os princípios orientadores da prática a fim de criar magia consistentemente poderosa. É claro, os caminhos alegres que as bruxas trilham são tão variados quanto as próprias bruxas; no entanto, esses sete princípios orientadores fornecem a estrutura para a vida mágica.

1 CONEXÃO CONSIGO MESMO

Inscritas na entrada do antigo templo de Delfos, estão as palavras: Conhece a ti mesmo. Essas palavras, que sobreviveram desde tempos imemoriais, carregam, hoje, a mesma sabedoria que tiveram para os antigos. Você é sua ferramenta mais poderosa. É sua intuição, sua sabedoria e sua experiência que alimentam todos os seus trabalhos mágicos. Portanto, é essencial conhecer a si mesmo. Depois que você descobre quem você é, além de quem a sociedade lhe diz para ser e além das experiências traumáticas pelas quais passou, você descobre a bruxa autêntica e original. Com uma bruxa verdadeira, a verdadeira magia acontece.

Como realizar esse processo? Com certeza não é da noite para o dia! Lembre-se de ser generosa consigo. Compreenda que o processo de investigação interior, muitas vezes referido como trabalho com a sombra, pode ser confuso e desafiador. Também é incrivelmente fortalecedor e um feito capaz de mudar nossa vida. Na verdade, descobri que, quanto mais autêntica é a bruxa, mais feliz ela é.

Seguem alguns recursos para você começar a se conectar com você mesma:

- Acesse um gerador de mapa astral natal. Existem muitos geradores gratuitos on-line e muitos livros que lhe orientarão quanto ao significado do seu mapa. Compreender a posição dos planetas no momento do seu nascimento é incrivelmente revelador.
- Experimente outros testes de personalidade bem conceituados, como o Myers-Briggs ou o Eneagrama. Compare-os. Que semelhanças você nota? De quais áreas você se orgulha? Quais áreas precisam ser trabalhadas? Tente fazer esses testes de novo ao longo de toda a vida para ver se as coisas mudaram.

- Manter diários, meditação, ioga, culinária, criação e atividades artísticas são excelentes meios para a autoconexão.

2 CONEXÃO COM A NATUREZA

A natureza é nosso guia para o mundo mágico. Tudo o que precisamos para fazer cumprir nossa vontade está contido na vasta teia de energia que é o nosso universo, incluindo nós mesmos. Portanto, conhecer os ciclos e as propriedades de nosso universo físico é essencial para o sucesso do feitiço e da cura. Existem duas partes em nosso universo: os céus e a terra. Referimo-nos ao físico na Terra como natureza e aos céus como o cosmos. Cada um tem seus próprios ciclos únicos, mas que são interconectados.

Para se conectar com o ciclo das estações terrenas, a bruxaria celebra oito sabás ou dias festivos, chamados de Roda do Ano. Começando com Samhain (Halloween) como o Ano Novo das Bruxas, a Roda do Ano acompanha a mudança das estações, marcando inícios e términos em nossa jornada a cada ano. Abaixo, segue uma tabela com os oito sabás, a data em que normalmente caem e a estação que anunciam. Indiquei temas, cores e símbolos correspondentes que você pode usar como decoração em seu altar ou em sua casa para canalizar a energia de cada sabá no seu ambiente. Lembre-se de que as datas exatas podem variar ligeiramente de ano para ano, já que a astronomia na qual cada sabá se baseia varia um pouco a cada ano. Ao marcar essas datas importantes do nosso ano, as bruxas são capazes de processar mudanças, descartando o antigo e abraçando o novo.

SABÁ	DATA	MARCO
SAMHAIN	31 de outubro	Ano Novo das Bruxas
YULE (SOLSTÍCIO DE INVERNO)	21 de dezembro	Início do inverno
IMBOLC	1 de fevereiro	Ponto intermediário entre inverno e primavera
OSTARA (EQUINÓCIO VERNAL)	20 de março	Início da primavera
BELTANE	1 de maio	Ponto intermediário entre primavera e verão
LITHA (SOLSTÍCIO DE VERÃO)	21 de junho	Início do verão
LAMMAS	1 de agosto	Ponto intermediário entre verão e outono
MABON (EQUINÓCIO DE OUTONO)	23 de setembro	Início do outono

FOCO	CORES TEMA	SÍMBOLOS
Terceira colheita, términos, comunhão com o mundo espiritual	Laranja, preto, roxo	Abóboras, folhas, nozes, véu
Renascimento	Vermelho, verde, prata, ouro, branco	Sempre-viva, pinha, azevinho, toras de yule
Primeiro festival da fertilidade, esperança	Verde, branco, vermelho	Velas, chama, caldeirão, flores snowdrop (galanthus)
Segundo festival da fertilidade, começos	Verde, amarelo, rosa, branco, lavanda	Ovos, animais recém-nascidos, brotos de plantas
Terceiro festival da fertilidade, sexualidade	Verde, cores brilhantes	Florais, folhas verdes
Dualidade, equilíbrio	Verde, amarelo, dourado, vermelho	Girassóis, abelhas, borboletas
Primeira colheita, segurança	Amarelo, marrom, dourado	Pão de forma, bonequinhas de sabugo de milho
Segunda colheita, abundância	Dourado, laranja, marrom, vermelho, verde-escuro	Frutas, nozes, grãos

3 CONEXÃO COM O COSMOS

Uma bruxa entende que ocupa um lugar no universo. Uma bruxa não é apenas uma forma flutuante, mas um ser profundamente conectado aos ciclos de nossos corpos celestes. O sol e a lua afetam as bruxas, seus poderes e seu trabalho. Ao viver intencionalmente, acompanhando esses ciclos, uma bruxa se alinha com o sucesso no feitiço e na cura. Sim, de fato é possível realizar um feitiço e não aderir às diretrizes que nos são oferecidas pelo cosmos. Nada de ruim resultará disso. No entanto, é muito mais sensato alinhar seus feitiços à energia cósmica, já que isso gera um aumento instantâneo de poder à sua arte. Uma consulta rápida de onde o sol e a lua estão posicionados permite que você adapte o método de feitiço mais eficaz para o momento.

O SOL

Você provavelmente está familiarizada com o zodíaco ocidental que começa no signo de Áries, no equinócio de primavera, em março. À medida que a Terra gira em torno do sol, ele parece se deslocar pelo mapa astral de acordo com a tabela a seguir. Cada zodíaco contém o próprio fluxo de energia particular, e cada signo do zodíaco está enraizado em um determinado elemento correspondente: fogo, terra, ar ou água.

SIGNO	DATAS	ELEMENTO
ÁRIES	20 de março a 19 de abril	Fogo
TOURO	20 de abril a 20 de maio	Terra
GÊMEOS	21 de maio a 20 de junho	Ar
CÂNCER	21 de junho a 22 de julho	Água
LEÃO	23 de julho a 22 de agosto	Fogo
VIRGEM	23 de agosto a 22 de setembro	Terra
LIBRA	23 de setembro a 23 de outubro	Ar
ESCORPIÃO	24 de outubro a 22 de novembro	Água
SAGITÁRIO	23 de novembro a 21 de dezembro	Fogo
CAPRICÓRNIO	22 de dezembro a 20 de janeiro	Terra
AQUÁRIO	21 de janeiro a 19 de fevereiro	Ar
PEIXES	20 de fevereiro a 19 de março	Água

A LUA

A lua percorre o zodíaco na mesma ordem que o sol, mudando de posição a cada dois dias e meio, aproximadamente, em vez de todos os meses, como o sol. Detalhe: os breves períodos em que a lua não está em nenhum signo do zodíaco são referidos como "fora de curso". Esses períodos são geralmente considerados como tempo para descansar e não realizar magia, pois a energia é caótica e insípida nessas épocas.

A fase da lua também afeta os trabalhos mágicos. Listados, abaixo, estão os tipos de feitiços correspondentes às fases da lua. Para os propósitos deste livro, vamos nos concentrar, em especial, nos períodos de lua nova e de lua cheia, mas muitos dos feitiços também podem ser feitos durante as duas semanas de lua minguante e de lua crescente. Lembre-se, você não precisa esperar que a lua esteja na fase sugerida para realizar um feitiço. Você também pode usar qualquer fase da lua para energizar materiais mágicos. A lua é intrínseca à bruxaria em qualquer fase. Além disso, a maior parte da magia está em sua intenção; alinhar-se com a fase apropriada da lua apenas ajuda o feitiço a ser bem-sucedido.

- LUA NOVA: melhor para feitiços de novos começos, novos relacionamentos, novos empreendimentos comerciais, novos conhecimentos ou nova consciência e para desprender-se do passado.
- CRESCENTE: melhor para feitiços de família, aprendizado, crescimento, manifestação de objetivos, revelação de caminhos.
- QUARTO CRESCENTE: melhor para feitiços de força, durabilidade, resistência, objetivos e conquistas.
- GIBOSA CRESCENTE: melhor para feitiços de dinheiro, abundância, competência, mudanças positivas e saúde robusta.
- CHEIA: melhor para feitiços de cura, intuição e poder de bruxaria.
- GIBOSA MINGUANTE: melhor para feitiços que envolvam a quebra de maus hábitos e o fim de relacionamentos tóxicos.
- QUARTO MINGUANTE: melhor para feitiços de cura restauradora, remendando relacionamentos tensos, e bruxaria na cozinha e na lareira.
- MINGUANTE: melhor para feitiços de cura tranquilizante, amor-próprio e de banimento.

4 COMPROMISSO COM O CONHECIMENTO E O APRENDIZADO

O objetivo de uma bruxa é autodesenvolvimento e transformação contínuos. Algumas bruxas são aprendizes lentas e constantes, preferindo se ater ao que sabem, mas enriquecendo sua prática com ideias bem pensadas e selecionadas. Outras bruxas pulam, vorazes, de um assunto para outro, aprendendo tudo o que podem. Talvez você se encaixe em algum lugar no meio. A questão é que a estagnação não tem vez na bruxaria. À medida que o mundo exterior evolui e cresce, o mesmo deve acontecer com a bruxa a fim de manter o equilíbrio e a clareza. A recompensa, é claro, é a sabedoria, uma virtude que pode ser exaltada apenas por meio da práxis.

5 VIDA INTENCIONAL E SAUDÁVEL

Nossos corpos são os receptáculos que sustentam nossa magia. Cuidar do nosso corpo mantendo uma vida saudável é de máxima prioridade para garantir que os resultados sejam os mais poderosos possível. Isso não quer dizer que bruxas não passem alguns fins de semana comendo besteiras e assistindo a todos os filmes de Harry Potter. No entanto, em geral, o objetivo da bruxa é fazer escolhas de bem-estar que beneficiem sua saúde física. Escolher uma alimentação saudável, alongar-se, exercitar-se e desfrutar de guloseimas com moderação contribui para aumentar o poder para realizar magia.

Uma bruxa também usa sua intenção para auxiliar sua saúde mental. Viver o momento, ou viver intencionalmente, é muito mais do que focar em aspectos positivos. Sim, essa mentalidade é extremamente importante e poderosa, porém a vida intencional, na verdade, baseia-se na aceitação e no desapego. Em vez de se preocupar com o futuro ou lamentar o passado, viva da melhor forma possível no momento presente. O melhor uso de sua energia é se concentrar no que se pode realizar no momento. O repouso, é claro, também é uma parte intencional e essencial de um caminho de bruxaria, então não se esqueça de fazer do descanso parte de sua rotina diária também.

6 VIDA ALEGRE E CELEBRATÓRIA

Uma bruxa entende o valor mágico de celebrar os momentos da vida. Isso não quer dizer que uma bruxa seja cega para a tristeza ou para a dor, muito pelo contrário, na verdade. Uma bruxa celebra as conquistas, os marcos e a beleza da vida por causa da tristeza e da dor de dentro e de fora.

Se quisermos sentir com profundidade, conectar-nos amplamente e restaurar por completo, então viver a vida com alegria, apesar dos pesares, é algo, de fato, mágico.

Talvez seu trajeto até o trabalho seja infernal, mas o nascer do sol ao longe é algo realmente admirável. Não, o nascer do sol pode não compensar alguns motoristas horríveis, mas não era esperado que ele fizesse isso. O sol imperturbável está lá, compassivo, companheiro e inspirador. "Está vendo, bruxa?", diz o sol. "Vou continuar nascendo e você vai continuar gostando." Momentos como esse demonstram como viver uma vida alegre e festiva suaviza seus contornos e atrai vibrações mágicas e curativas.

7 SIGA O CÓDIGO DE ENERGIA DUALÍSTICA

Por fim, toda bruxa está atenta a este antigo código de energia universal atribuído a Hermes Trismegisto, pai do hermetismo:

Tal como é acima, assim é abaixo
Tal como é dentro, assim é fora
Tal como é o universo
Assim é a alma

Para toda ação, há uma reação. Para todo macrocosmo, existe um microcosmo. Para cada alma, há uma estrela. As bruxas se esforçam para honrar e dar espaço para que esse equilíbrio floresça e cresça. É o caminho ordenado, e as bruxas acolhem essa realidade dualística para alinhar a si mesmas e sua magia com o grande poder da energia.

SEU CAMINHO RUMO À BRUXARIA

Todas têm seu próprio caminho rumo à bruxaria. Fora as poucas que nascem em famílias de bruxas, a maioria começa a praticar a bruxaria mais tarde na vida. No entanto, a maioria daquelas que começam a praticar mais velhas descreve vocações comuns ou sentimentos de que estavam destinadas a uma vida de bruxaria desde que nasceram. Alguns sinais desse chamado para a bruxaria são:

- Você sente uma conexão especial com a lua e as estrelas, muitas vezes olhando para elas com anseio e companheirismo.
- Você atrai animais, joaninhas e borboletas pousam em você, e animais de rua lhe encontram.
- Você sente uma conexão profunda com os ciclos das estações, natureza e plantas.
- Você sente que precisa coletar conchas, pedras, ossos, cristais e outros presentes da terra.
- Você é uma pessoa empática ou altamente sensível.
- Você se acalma com a água, seja submergindo nela ou simplesmente estando perto dela.
- Você percebe padrões de números repetidos e outros padrões aparentemente coincidentes.
- Você tem um forte senso de intuição ou certeza.
- Você sente que religiões contemporâneas baseadas no patriarcado não fazem mais sentido para você.
- Você busca comunidade baseada na comunhão, não na hierarquia.
- Você se sente compelida a ajudar e curar os outros.

QUE TIPO DE BRUXA VOCÊ É?

Qualquer pesquisa na internet revelará várias centenas de listas de diferentes tipos de bruxas. Está claro que a identidade é importante. Abaixo, preparei uma breve lista de referência dos "tipos" comuns de bruxas para lhe dar uma introdução sólida enquanto você formula seu próprio caminho na bruxaria.

* BRUXA ELEMENTAL: trabalha com um ou com uma combinação dos elementos (terra, ar, água, fogo) em sua prática
* BRUXA CÓSMICA: trabalha com astrologia, com os ciclos do sol e da lua e mapas astrais
* BRUXA DE GLAMOUR: trabalha com feitiços de amor, beleza, amor-próprio e encantamento
* BRUXA LIMINAR: uma curandeira solitária, que trabalha com ervas e plantas, envolvendo-se em adivinhação e trabalho liminar

* **BRUXA VERDE:** uma cuidadora de plantas, da natureza e de jardins, que cria tinturas naturais para o bem-estar.
* **BRUXA DA COZINHA:** cozinha com ingredientes mágicos e intenção mágica.
* **BRUXA DA LAREIRA:** donas de casa com intenção mágica.
* **BRUXA ECLÉTICA:** um termo moderno usado para descrever a bruxa com muitas atividades diversas.

Essa lista com certeza não é exaustiva, e muitas bruxas se envolvem em diferentes tipos de bruxaria, como evidencia o termo final: bruxa eclética. Na verdade, este livro se baseia intencionalmente em todos esses tipos de bruxas. Isso ocorre porque bruxas de todos os tipos são curandeiras. Bruxas buscam seguir uma abordagem mais conectada e saudável qualquer que seja o caminho que lhes interessa, seja magia com cristais, magia de amor, magia de manifestação, treinamento espiritual, magia com ervas ou algo totalmente diferente. Este livro é essencial para todos os tipos de bruxas que estão seguindo seu caminho.

BRUXA SOLITÁRIA OU COVEN?

Tradicionalmente, uma bruxa solitária pratica bruxaria sozinha, enquanto um coven é um grupo de bruxas que praticam bruxaria juntas. Cada bruxa pode decidir por si mesma qual forma de prática prefere. No entanto, hoje, na era da informação, é provável que, mesmo a bruxa que prefere praticar magia sozinha, seja influenciada pelas mídias sociais e pelas tendências atuais da bruxaria. Da mesma forma, a bruxa que pratica bruxaria participando de um coven ainda tem acesso a materiais de bruxaria que se estendem muito além do coven na forma do grande grimório: o Google. A simples acessibilidade que a modernidade concedeu à bruxaria cria uma dicotomia nova e mais flexível entre a praticante solitária e o coven.

Minha sugestão para a bruxa inexperiente é deixar de lado essa dicotomia e se concentrar em encontrar indivíduos com os mesmos interesses com quem desenvolver o conhecimento. O advento das redes sociais tornou possível encontrar amigos bruxos de uma forma que a bruxaria jamais vivenciou. Explore hashtags no Instagram que chamam sua atenção, como #cristais ou #bruxadofogo, e observe o que as pessoas que as usam estão dizendo. Participe da conversa e conheça colegas. À medida que ajustamos modos antiquados de pensar sobre comunidades, especialmente covens, ajustamos a liberdade do indivíduo de buscar os métodos mais eficazes para a sua prática. Encontre seu grupo e conheça-o. Junte forças a partir daí se considerar que é o certo para a sua prática.

O ESTADO DE ESPÍRITO DE UMA BRUXA

Para que a magia tenha total eficácia, quem a pratica precisa estar em um estado mental calmo, aberto e positivo. Nossas emoções têm uma carga energética e, quando não as controlamos, a energia de nossos trabalhos mágicos é influenciada indevidamente. Antes de praticar a arte, reserve um tempo para se acalmar, respirando profundamente por alguns instantes ou usando técnicas de concentração. A meditação, em especial, nos permite praticar a orientação de nossa vontade e abrir espaço para a tranquilidade. Uma vez que a bruxaria está relacionada a direcionar a energia com intenção, seu estado de espírito tem grande importância.

DEFINIR INTENÇÕES CLARAS E PODEROSAS

Depois que você já se centrou e se preparou para praticar a arte, o primeiro passo é definir intenções claras e poderosas para a sua magia. É necessário definir com exatidão o que se deseja que o feitiço realize. Isso ajuda o universo a entender o tipo de energia que se está tentando conjurar. Também lhe permite ser clara consigo mesma sobre suas esperanças e expectativas. Um exemplo de uma intenção clara e poderosa seria: "Estou realizando este feitiço de cura para aliviar minha ansiedade, para que eu possa dormir melhor esta noite". Esse tipo de declaração de intenção é muito mais poderoso do que apenas pensar: "Nossa, espero que esse feitiço contra a ansiedade faça alguma coisa". Veja seu poder florescer exponencialmente assim que começar a aprimorar suas intenções.

O ALTAR BEM EQUIPADO

Uma das melhores maneiras de aprimorar suas intenções para a feitiçaria é representá-las na configuração do seu altar. Altares são tão únicos e variados quanto as bruxas que os montam, porém todos os altares têm componentes-chave para o sucesso do feitiço.

LOCALIZAÇÃO

Escolha um local que seja prático e significativo. Certifique-se de que qualquer área que escolher para dedicar ao espaço do altar esteja fora da passagem principal da casa e longe de mãos curiosas. Este também é um espaço sagrado, então escolha uma área que lhe fortaleça. Escolha um cantinho aconchegante do seu quarto, ou uma mesa especial perto da lareira, ou um espaço com uma janela ampla – onde você se sentir mais inspirada.

SUPERFÍCIE

Altares costumam ser bonitos, mas, antes de mais nada, são um espaço de trabalho. Deixe espaço suficiente para realizar qualquer trabalho que precise fazer, como moer ervas, abrir cartas de tarô ou criar uma mandala de cristais.

OS QUATRO ELEMENTOS

Bruxas utilizam os quatro elementos para fortalecer seus feitiços. Assim, altares devem conter símbolos que os representem. Abaixo, seguem alguns itens comumente usados para representar os elementos:

* AR: varinha, pena, sinos, livros, incenso.
* FOGO: vela, athame, falo, pirâmide, cinza.
* ÁGUA: cálice, tigela, bola de cristal, água de lua, concha.
* TERRA: pentáculo, moeda, pedra, planta, flor, osso, sementes.

A vela é uma das ferramentas mais úteis na bruxaria porque representa todos os quatro elementos. A chama é fogo, o pavio e o corpo da vela são terra, a cera derretida é água e a fumaça é ar.

CORRESPONDÊNCIAS

Embora não seja necessário, é uma prática útil acrescentar correspondências ao seu altar. Isso significa enfeitar seu altar com itens que representam ou correspondem aos seus objetivos mágicos. Por exemplo, ao realizar um feitiço de amor-próprio, colocar um cristal de quartzo rosa no altar ajuda a amplificar o poder do feitiço porque o quartzo rosa é uma pedra associada ao amor-próprio. Você vai descobrir que pesquisar correspondências de altar adequadas para apoiar seu feitiço de fato passa a aumentar seu conhecimento das diferentes energias da bruxaria.

SELECIONANDO SEU TIPO DE BRUXARIA

Sua mente e seu corpo estão alinhados com a natureza, seus pensamentos estão claros, seu altar está preparado. Qual tipo de feitiço você deve realizar? No próximo capítulo, vamos nos aprofundar em como se preparar por completo para a bruxaria de cura. Antes de fazer isso, será útil se familiarizar com alguns tipos diferentes de trabalho mágico para que você possa ajustar seus preparativos de acordo:

* RITUAIS: Rituais são um conjunto premeditado de passos mágicos honrando ou convidando uma energia escolhida. Rituais destinam-se a alinhar, limpar e aprimorar, em vez de mudar ou transformar.
* AMULETOS: Amuletos são objetos ou um conjunto de objetos que colaboram para atrair determinada energia. Amuletos atraem a energia de seu conteúdo.
* FEITIÇOS: Feitiços são manipulações ordenadas e intencionais da energia natural como um meio para chegar a um objetivo.
* POÇÕES: Poções são misturas feitas intencionalmente com ingredientes mágicos para provocar mudanças.

MAGIA INDIVIDUAL E MAGIA DE COMPAIXÃO

Na Parte Dois, você encontrará feitiços para curar corpo, mente e espírito, e usará magia individual para fazer isso, pois o foco estará em você mesmo. As Partes Três e Quatro estão repletas de feitiços para ajudar sua comunidade, seus amigos, sua família, seus grupos e seu planeta. Você realizará a magia em nome deles; por isso, é chamada de magia de compaixão. Não se preocupe, bruxas que se curaram têm todas as ferramentas necessárias para ajudar os outros em seu processo de cura; a magia de compaixão irá guiá-la em feitiços em prol de outras pessoas.

ASSUMIR SEU PODER

Este capítulo lhe forneceu os fundamentos para a bruxaria bem-sucedida, em especial, a bruxaria para fins de cura. Ao digerir esta informação, tenha em mente que a jornada da bruxaria é um processo longo e sinuoso. Ninguém pode esperar se tornar proficiente da noite para o dia, muito menos um especialista. Vale lembrar, também, que todo o estudo do mundo não substitui a experiência vivida de colocar a mão na massa e praticar bruxaria de fato. Estão prontas para começar, minhas bruxas?

2

PREPARANDO-SE PARA O TRABALHO DE CURA

Preparar seu espaço e a si mesma para a cura é uma parte vital da bruxaria. Pense na preparação como um ato de definição de intenção. Ao selecionar seus métodos e ferramentas e organizá-los, a mente processa as propriedades do feitiço e começa a canalizar as energias necessárias para o sucesso da magia. No capítulo anterior, aprendemos os princípios fundamentais da bruxaria. Este capítulo se concentra em como se preparar tanto prática quanto espiritualmente para o trabalho de cura usando nosso conhecimento básico de bruxaria.

Nas páginas a seguir, vou guiá-la pelos fundamentos das ferramentas e dos ingredientes de cura mágica mais comuns, incluindo ervas, especiarias, cristais e óleos essenciais. Também oferecerei métodos de bruxaria, como o aterramento e o aumento de energia, para alcançar o poder mágico ideal. Assim que você se familiarizar com as ferramentas e métodos do ofício, será hora de realizar alguns feitiços de cura.

A DESPENSA DA BRUXA

Ao percorrer seu caminho de cura, sem dúvida você colecionará muitos ingredientes mágicos e itens significativos para ajudá-la em seu ofício. Para os propósitos deste livro, selecionei dez ervas, dez especiarias, dez cristais e dez óleos essenciais para você começar. Esses ingredientes mágicos foram especificamente selecionados por serem fáceis de usar, de encontrar ou comprar, e frequentes em feitiços. Além disso, itens domésticos comuns ajudam na prática de feitiços. Vamos, agora, vasculhar a despensa da bruxa, começando com os itens essenciais que toda bruxa precisa para começar.

ITENS ESSENCIAIS

Primeiro, obtenha as ferramentas essenciais para a bruxaria bem-sucedida. Há sete ferramentas que toda bruxa deve ter em sua despensa:

* VELAS BRANCAS: velas são uma ferramenta mágica universal, pois representam todos os quatro elementos. O branco é a cor mágica universal. Uma vela branca pode substituir qualquer vela colorida em um feitiço. Para simplificar, todas as velas usadas nos feitiços deste livro serão brancas. Recomendo velas palito, pois elas são pequenas, fáceis de usar e queimam rápido.
* SAL: o sal absorve a energia negativa, aterra, delineia e protege. Para este livro, uso sal de cozinha branco comum, a menos que indicado de outra forma.
* ALECRIM (ERVA E ÓLEO): semelhante às velas brancas, o alecrim é a erva universal das bruxas. Use-o no lugar de qualquer outra erva ou óleo em feitiços.
* CRISTAL DE QUARTZO TRANSPARENTE: assim como o alecrim e as velas brancas, o quartzo transparente é o cristal universal. Use-o no lugar de outros cristais, caso não os tenha em seu arsenal.
* CALDEIRÃO: é necessário um recipiente seguro para realizar a magia do fogo e manter a água quente para vários rituais e feitiços. Se você não tiver um caldeirão, uma tigela resistente ao calor deve funcionar bem.

* ATHAME: um athame, ou faca ritual, é útil para consagrar, cortar e gravar ferramentas mágicas. O athame também representa o elemento fogo em um altar, o que é particularmente útil quando chamas ou fumaça não são viáveis.
* POTES E RECIPIENTES: um subproduto da bruxaria bem-feita com certeza é a grande quantidade de ingredientes mágicos que se começa a colecionar. Guarde aqueles potes de picles e latas de café vazios e, definitivamente, encontre alguns potes de vidro para organizar seus produtos mágicos.

ERVAS

Herbalismo é um dos métodos de cura mais eficazes disponíveis, como mostram os milhares de anos de seu uso e estudo por nossos ancestrais curandeiros. Diferentes plantas têm propriedades que podem ser usadas de forma medicinal, dependendo de como são preparadas e aplicadas. Sabia que essas mesmas plantas também têm propriedades medicinais metafísicas? Reflita sobre a relação de reciprocidade entre a natureza e a nossa integridade elementar. Assim como uma planta tem propriedades físicas que podemos identificar, como forma das folhas, aroma, padrões de crescimento e usos medicinais, cada planta também tem propriedades medicinais mágicas que utilizamos para a magia de cura.

As dez ervas iniciais listadas abaixo são comuns e podem ser encontradas na maioria dos mercados e lojas de jardinagem. É possível comprá-las secas ou frescas, na planta viva. Se você está começando, recomendo obter todas as ervas listadas na forma seca para que as tenha prontamente à sua disposição e, somente depois, passar para o seu cultivo. Como alternativa, a maioria dos supermercados tem ervas frescas na seção de hortifruti, normalmente perto das verduras. Esta é uma ótima maneira de obter ervas e raminhos frescos, quando o feitiço pedir, sem precisar da planta inteira. Pode-se até comprá-los quando não precisar deles e secá-los para quando precisar. Para conservá-las, certifique-se de armazenar suas ervas secas em um local fresco, seco e sombreado.

Independentemente de como colocar suas mãos mágicas nessas ervas, quando as receber, assegure-se de dizer "olá"! Agradeça-lhes por sua magia. Diga-lhes que as está infundindo com seu amor e sua vontade. Antes de usá-los, construa um relacionamento com seus ajudantes mágicos para encorajar a conexão energética.

Todas as ervas que selecionei são auxiliares medicinais que ou promovem a saúde ou ajudam a atrair energia de cura. Também listei as propriedades mágicas adicionais de cada erva para lhe dar uma noção do tipo de energia de cura a que se prestam.

* MANJERICÃO (OCIMUM BASILICUM): amor, felicidade, abundância, tranquilidade.
* ORÉGANO (ORIGANUM VULGARE): paz, aterramento, liberação, equilíbrio.
* SALSA (PETROSELINUM CRISPUM): proteção, conexão espiritual, vitalidade, paixão.
* LAVANDA (LAVANDULA ANGUSTIFOLIA): calmante, melhora no sono, ânimo, conexão espiritual.
* TOMILHO (THYMUS VULGARIS): purificação, força, bravura, amor, atração.
* CAMOMILA (CHAMAEMELUM NOBILE): limpeza, calmante da ansiedade, equilíbrio.
* SÁLVIA (SALVIA OFFICINALIS): longevidade, limpeza, proteção, poderes psíquicos.
* ALECRIM (ROSMARINUS OFFICINALIS): limpeza, fidelidade, longevidade, sabedoria, memória.
* HORTELÃ (MENTHA): abundância, sucesso, prosperidade, alegria, fertilidade, renovação.
* LOURO (LAURUS NOBILIS): divinação, realização de desejos, proteção, purificação, força.

ESPECIARIAS

As ervas são as folhas, enquanto as especiarias são compostas de todas as outras partes da planta, incluindo sementes, flores, bagas, cascas e raízes. Para os nossos propósitos de cura mágica, escolhi especiarias comuns que você talvez já possua, use em sua cozinha ou adicione a suas vitaminas ou sucos para potencializá-los. Quanto mais você estiver familiarizada com os seus ingredientes, mais eficaz será seu trabalho mágico. Como tais, especiarias são um ótimo complemento para o armário da bruxa iniciante. Assim como as ervas, armazene-as em um local sombreado, fresco e seco.

Usaremos as seguintes especiarias em nossa magia de cura. Todas têm propriedades mágicas medicinais. Suas propriedades mágicas adicionais também estão listadas para ajudá-la a conhecer o tipo de energia de cura que cada especiaria fornece.

* PIMENTA-DA-JAMAICA (PIMENTA OFFICINALIS): amor, sorte, prosperidade, abundância.
* CÚRCUMA (CURCUMA LONGA): purificação, aterramento.
* PIMENTA PRETA (PIPER NIGRUM): coragem, banimento da negatividade, proteção.
* ERVA-DOCE (PIMPINELLA ANISUM): consciência psíquica, boa sorte, prosperidade, calmante.
* PIMENTA CAIENA (CAPSICUM ANNUUM): acelera, separa, limpa, repele a negatividade.
* NOZ-MOSCADA (MYRISTICA FRAGRANS): prosperidade, sorte, abundância, conexão, quebra de ciclos.
* CRAVO-DA-ÍNDIA (SYZYGIUM AROMATICUM): proteção, divinação, alívio do estresse, prosperidade, relacionamento.
* CANELA (CINNAMOMUM VERUM): sucesso, riqueza, amor, luxúria, aterramento.
* ALHO (ALLIUM SATIVUM): proteção, revitalização, paixão.
* GENGIBRE (ZINGIBER OFFICINALE): energia, abundância, equilíbrio, sexualidade.

CRISTAIS

Os cristais são o adorno da Mãe Terra, belos presentes de nosso planeta destinados a serem usados na magia. Os cristais atuam como baterias naturais, transferindo suas vibrações inatas de alta energia para fontes de energia de vibração mais baixa, como os humanos. A energia dos cristais pode ser sintonizada aos nossos propósitos mágicos, especialmente para a cura.

É possível encontrar os cristais listados abaixo em qualquer loja de cristais e pedras preciosas da sua cidade ou on-line. Um cristal pequeno já é suficiente para fazer uma diferença perceptível na energia, então não sinta a necessidade de comprar algo grande ou caro. Prefira comprar as pedras pessoalmente, sempre de garimpos de boa reputação, pois permite que você sinta a energia delas de cara. No entanto, como isso nem sempre é possível, é sempre uma boa ideia purificar e carregar seus cristais para você mesma depois de trazê-los para casa. Passe algum tempo com seus novos cristais. Imprima sua energia neles e a deles em você. Conheça a energia única deles, pois alguns cristais absorvem energia negativa e alguns amplificam energia positiva. Todos os cristais transformam a energia em benefício da cura mágica.

A energia dos cristais diminui à medida que são manuseados ou usados, como uma bateria. Estas são cinco maneiras fáceis de receber novos cristais e recarregar os que você já tem:

1. Coloque-os ao ar livre sob o luar e deixe-os passar a noite.
2. Enrole-os em uma toalha com um cristal de quartzo transparente e deixe-os juntos por 24 horas.
3. Enterre-os por alguns dias.
4. Passe-os pela fumaça.
5. Banhe-os no som de um sino, gongo ou tambor.

OBSERVAÇÃO: evite imergir cristais em água por qualquer período de tempo, a menos que tenha certeza de que são cristais resistentes à água. Enxugue-os com um pano para limpá-los fisicamente.

Estes são os cristais que usaremos em nossos feitiços e suas propriedades energéticas:

* TURMALINA NEGRA (ABSORVENTE): força e confiança.
* CITRINO (AMPLIFICADOR): força de vontade, confiança, autoexpressão, criatividade.
* QUARTZO ROSA (AMPLIFICADOR): amor e autocuidado.
* SODALITA (AMPLIFICADOR): paz, equilíbrio e harmonia.
* QUARTZO FUMÊ (AMPLIFICADOR): descanso, renovação.
* AVENTURINA VERDE (AMPLIFICADOR): coragem, abundância, firmeza, lealdade.
* JASPE (ABSORVENTE): aterramento, calmante.
* FLUORITA (ABSORVENTE): limpeza, sintetiza energia negativa, clareza.
* CORNALINA (ABSORVENTE): criatividade, inspiração, paixão.
* AMETISTA (AMPLIFICADOR): sabedoria, conhecimento, harmonia, equilíbrio.

ÓLEOS ESSENCIAIS

Óleos essenciais são compostos de plantas extraídos por seu aroma, propriedades auxiliares e, sim, magia. Esses óleos são facilmente obtidos on-line, em farmácias, em diversos grandes varejistas e até mesmo em alguns supermercados. Procure-os perto da seção de velas da loja.

Como são óleos pungentes e poderosos, normalmente queremos maneiras de difundi-los ou usá-los de forma mais sutil do que pelo contato direto. Assim, ao usar óleos essenciais, é necessário ter um difusor e um óleo carreador, ou dois, para auxiliar no trabalho com eles. Para os nossos propósitos, um minidifusor é absolutamente aceitável e pode ser adquirido por menos de R$ 20. O óleo carreador é um óleo sem perfume que ajuda a diluir e transportar os óleos essenciais para usos específicos, como em máscaras faciais, cremes e poções. A escolha do óleo carreador é totalmente pessoal. Eu prefiro azeite ou óleo de semente de uva para cozinha, óleo de jojoba para o uso em aromaterapia e óleo de coco para pomadas.

A boa notícia é que todos os óleos essenciais contêm magia medicinal. Uma vez que são derivados da própria essência natural das plantas, árvores, flores, ervas e especiarias utilizadas na bruxaria, são auxiliares medicinais concentrados e poderosos, e um acréscimo importante à despensa da bruxa moderna. Abaixo estão listados os óleos que usaremos neste livro e suas correspondências mágicas.

* MANJERICÃO: romance, afeto, sorte, inspiração, conexão.
* LARANJA DOCE: confiança, alegria, abundância, amizade, bom ânimo.
* OLÍBANO: espiritualidade, purificação, limpeza, intuição, conexão.
* BERGAMOTA: melhora de humor, confiança, clareza.
* YLANG-YLANG: euforia, sensualidade, paixão, lascívia.
* CEDRO: estabilidade, aterramento, força.
* HORTELÃ-PIMENTA: concentração, foco, centralização, melhora do desempenho.
* LAVANDA: calmante, reconfortante, intuição.
* EUCALIPTO: revigorante, alívio da exaustão, aumento da criatividade.
* MELALEUCA: limpeza, purificação, alívio da dor.

FERRAMENTAS ADICIONAIS

Estas são ferramentas adicionais para ajudá-la em sua prática mágica. Não são necessárias, pois todas podem ser facilmente substituídas por outras ferramentas ou métodos, mas tê-las pode facilitar o processo da magia.

* SINO: sinos representam o elemento ar e são excelentes ferramentas para eliminar energia negativa ou liberar energia durante o feitiço.
* ALMOFARIZ E PILÃO: use esta ferramenta para moer ervas em pós finos.
* ITENS DOMÉSTICOS COMUNS: a bruxaria depende do mundano tanto quanto do mágico, como se espera de um método que cria mudanças reais. Sinta-se à vontade para ser criativa com seus itens domésticos. Por exemplo, se um feitiço pede barbante, talvez você use sobras de fita de embrulho. A função prática do objeto, nesse caso, é mais importante do que os próprios objetos. Estes são alguns dos itens domésticos comuns usados neste livro: linha, barbante, fita, tecido, tesoura, saquinhos de musselina, gaze, maçãs, laranjas, limões, mel, açúcar, isqueiro, tigelas de tamanhos variados, panelas, xícaras, algodão e toalhas.

MÉTODOS USADOS NA BRUXARIA

Este livro conta com alguns métodos diferentes usados na bruxaria e que valem a pena serem repassados a bruxas iniciantes.

UNÇÃO

A unção é o processo de aplicar óleo em uma vela ou outra ferramenta para carregá-la magicamente. A quantidade de óleo usada na unção é uma preferência puramente pessoal, e mesmo apenas uma gota de óleo basta. A magia está na intenção da aplicação.

VESTIR UMA VELA

Vestir uma vela refere-se ao processo de acrescentar ervas para fins mágicos ao exterior da vela após ungi-la. Se o feitiço pede uma vela vestida, recomendo usar várias gotas de óleo para garantir que ela esteja totalmente untada. Antes de acendê-la, você deverá rolar sua vela impregnada de óleo em cima das ervas. As ervas vão grudar nela fazendo uma correspondência mágica adicional aos seus trabalhos de cura.

ASPERSÃO

Aspersão é o processo de borrifar objetos com água infundida magicamente com a intenção de transferir as propriedades mágicas a eles. Este livro usa ervas frescas para mergulhar em sua água mágica e sacudir ou aspergir sobre outros objetos durante o trabalho de cura.

SÍMBOLOS DOS ELEMENTOS

Este livro usa magia elementar e, como tal, é importante observar os símbolos que representam cada elemento para que você possa utilizá-los em seus trabalhos mágicos.

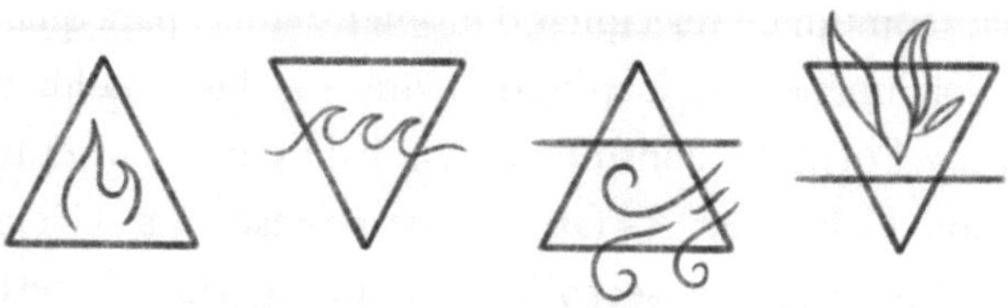

FOGO ÁGUA AR TERRA

Além disso, em nosso trabalho de cura do planeta, usaremos o símbolo abaixo para representar a Terra. Observe que este símbolo e sua conotação são deliberadamente diferentes do elemento terra.

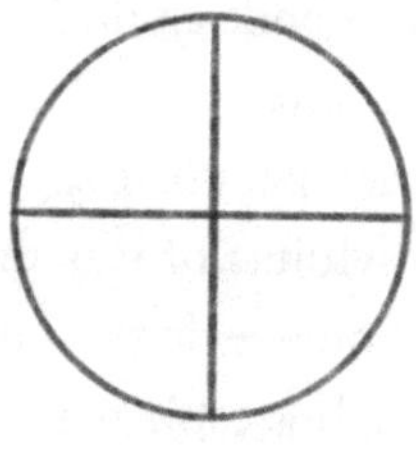

TERRA

PREPARANDO O TERRENO PARA O TRABALHO DE CURA

Chegou o momento de lançar um feitiço de cura. Você está pronta, bruxa. Hora de tomar posse total de seu poder, armada com conhecimento e ferramentas úteis para curar a si mesma, sua vizinhança e seu mundo. As etapas finais a seguir a orientarão no processo de preparação para lançar um feitiço.

ALINHANDO O MOMENTO DO SEU FEITIÇO

Quando se trata de escolher o momento perfeito para lançar um feitiço, existem vários ciclos de energia que se pode consultar, mas nada é mais importante do que seguir a sua intuição. Caso você se sinta chamada a movimentar certas energias imediatamente, faça-o. Não há a necessidade de esperar o momento perfeito de acordo com a bruxaria padrão quando você, a bruxa, está pronta e disposta a fazer magia.

FASE DA LUA

A maneira mais comum de selecionar o momento ideal para qualquer feitiço é seguir os ciclos lunares. No Capítulo 1, vimos as fases da lua e os feitiços correspondentes. Portanto, consulte aquela lista para se orientar quanto à magia seguindo o ciclo lunar. As fases da lua representam o ciclo natural de energia que você observará na seção "Momento sugerido" de certos feitiços.

Repito, você pode realizar um feitiço em qualquer momento que lhe pareça adequado, e nada de mal resultará de ir contra o ciclo lunar. O feitiço apenas pode não ser tão eficaz.

A FERRAMENTA MÁGICA DO ATERRAMENTO

Aterramento é o processo de conectar sua mente e corpo à energia necessária para o feitiço. Uma série de tarefas pode ajudá-la a se aterrar, incluindo preparar seu espaço de trabalho e a si mesma.

Selecionar e preparar o espaço para realizar sua bruxaria são partes essenciais da magia bem-sucedida. Muitas bruxas têm um altar dedicado dentro de casa, mas, pelo menos, certifique-se de ter uma área tranquila e confortável da residência para realizar trabalhos espirituais. O espaço deve ser arrumado e organizado. Você não vai querer que nada distraia sua energia. Além disso, é uma boa ideia encontrar um local específico fora de casa onde seja possível realizar feitiços com privacidade. Muitos trabalhos exigem conexão direta com a natureza, e invocar a Mãe Terra é realmente poderoso. De qualquer forma, antes de realizar o feitiço em seu espaço sagrado dedicado, certifique-se de queimar algumas ervas purificadoras, como folhas de louro ou sálvia, para redefinir a energia da área e ancorar suas intenções.

Traçar um círculo é uma maneira comum e eficaz de definir seu espaço para trabalhos mágicos. Também oferece proteção e amplifica as energias conjuradas durante a prática. Embora não seja necessário para a maioria dos feitiços iniciantes, lançar um círculo é uma parte importante da bruxaria para muitas bruxas, pois o utilizam para abraçar a liminaridade dos trabalhos mágicos. Comece definindo fisicamente seu círculo com sal ou cristais. Bruxas mais experientes podem definir seus círculos apenas com a própria energia, o que com certeza é ótimo, porém uma marcação clara é útil para bruxas iniciantes.

Há muitas maneiras de traçar um círculo, mas uma das mais eficazes é invocar os cantos ou, como é chamado às vezes, os quartos. O termo se refere à invocação das quatro direções e de seus elementos correspondentes. Depois que seu espaço estiver purificado e seu círculo traçado, toque o sino do altar três vezes (ou bata em uma panela com uma colher se não tiver um sino) e diga o seguinte encantamento:

Volte-se para o norte, levante os braços e diga:

"Terra do norte, eu a invoco em meu auxílio."

Abaixe os braços e volte-se para o leste. Levante os braços e diga:

"Ar do leste, eu o invoco em meu auxílio."

Abaixe os braços e volte-se para o sul. Levante os braços e diga:

"Fogo do sul, eu o invoco em meu auxílio."

Abaixe os braços e volte-se para o oeste. Levante os braços e diga:

"Água do oeste, eu a invoco em meu auxílio."

Abaixe os braços, centralize-se em seu altar e entoe:

"Agradeço aos elementos nesta hora
Por traçar este círculo em poder de cura."

DEFINIR INTENÇÕES

Conforme discutimos no Capítulo 1, definir intenções é a pedra angular do trabalho mágico. Todas as ferramentas do mundo não substituem sua própria força de vontade. Afinal de contas, você é a bruxa. As ervas, os óleos e os cristais auxiliam a bruxa, mas é você quem realmente faz a magia. Fale sua intenção em voz alta antes de começar a elevar seu nível de energia para lançar feitiços. Expressar claramente seu objetivo para o feitiço manterá suas energias no caminho certo, canalizadas e mais eficazes.

ELEVAR A ENERGIA

Elevar a energia é o último passo na preparação para o trabalho mágico. Este é o momento em que você começa a se conectar com a energia para utilizá-la para a cura, pouco antes de iniciar seu feitiço. Sendo bem direta, qualquer método que a sintonize com a energia e a alinhe com seu poder é eficaz. Aqui estão algumas maneiras de elevar a energia. Preste atenção ao que você sente ao experimentá-las. Aprimore seus métodos até ter o ritual perfeito para você:

* MÉTODO DA BOLA DE ENERGIA: fique de pé, bem ereta, em seu espaço sagrado. Pressione as palmas das mãos em forma de oração e esfregue-as vigorosamente. No mesmo instante, você começará a sentir fricção e calor. Isso é energia! Renda-se ao fluxo. Veja se consegue formar uma bola de energia entre as mãos. Imagine-a como uma lâmpada incandescente que você pode expandir ao redor de todo o seu altar para alimentar seus trabalhos.
* SINTA PRAZER: bruxas felizes são bruxas poderosas. Coloque uma música que você ama. Dance e cante. Mova seu corpo ritmicamente. Masturbação ou sexo com um parceiro são outras opções para elevar a energia. Algumas bruxas tomam uma taça de vinho para ajudar a libertar o ego e deixar a alma fazer o seu trabalho.
* MEDITAÇÃO: algumas bruxas se sentem mais poderosas sentadas e atraindo energia para elas através da meditação. Este também é um método extremamente poderoso e um pouco mais avançado, pois a praticante deve estar familiarizada com os poderes da meditação antes de aplicá-los à bruxaria para elevar a energia da forma mais eficaz.

DESFAZER O CÍRCULO

Prossiga com seu trabalho mágico. Quando terminar, toque a campainha novamente três vezes e recite:

"Agora o sino foi tocado. Que este círculo seja desfeito."

A energia é liberada e seu feitiço está completo.

REEQUILIBRAR A ENERGIA

Após fazer magia, é comum sentir-se exausta ou com a cabeça enevoada. Algumas bruxas até relatam sintomas semelhantes aos da menstruação. Cuide-se. Você acabou de mover campos inteiros de energia! Claro que vai se sentir esgotada. Isso não significa que você é fraca ou mal preparada para realizar magia. Significa, apenas, que você está no ciclo minguante de seu poder e que deve descansar até se sentir pronta para recomeçar. Esse cansaço é totalmente natural e algo a ser abraçado. Como qualquer músculo, quanto mais magia você realizar ao longo do tempo, mais força e resistência você terá.

Aqui estão algumas maneiras de reequilibrar a energia após um trabalho mágico:

- Beber chá de camomila
- Alongar-se e/ou meditar
- Escrever em um diário sobre a sua experiência mágica
- Praticar o aterramento: caminhe descalço fora de casa e mergulhe no equilíbrio da terra natural através de seus pés
- Banhar-se em sais de Epsom, óleo de hortelã-pimenta e óleo de laranja doce

Cuide-se, querida bruxa. Precisamos de você para ajudar com a importante tarefa de curar a nós mesmas, nossas comunidades e nosso mundo.

LIMPEZA PÓS-FEITIÇOS

Nos feitiços que se seguem, ofereço sugestões, quando necessário, sobre como limpar e descartar restos de materiais mágicos. Esses materiais podem ter energias negativas transferidas para eles, ou o descarte pode até fazer parte do feitiço. Em geral, tente devolver a matéria orgânica utilizada à terra, enterrando ou espalhando as sobras ao ar livre. No mínimo, leve todas as sobras de feitiços para uma lixeira fora de sua casa para liberar a energia de seu espaço. Além disso, é de extrema importância garantir que nenhuma vela seja deixada acesa ou sem vigilância em momento algum. Certifique-se de que as velas sejam apagadas por completo assim que seu feitiço terminar, mergulhando o pavio em um pouco de água ou usando um abafador. A limpeza nos libera das energias que elevamos, e é um passo necessário para completar o feitiço.

PARTE DOIS

CURE-SE

ANTES SER CAPAZ DE CURAR OS OUTROS OU O MUNDO, VOCÊ precisará curar a si mesma. Cuidar da própria saúde lhe concede as habilidades básicas necessárias para comandar uma cura bem-sucedida quando trabalhar. O Eu pode ser curado de três maneiras: corpo, mente e espírito. O corpo curado suporta a energia necessária para o trabalho mágico. A mente curada permite que a clareza e a intenção fluam livremente. O espírito curado a prepara para compartilhar sua luz de cura com sua comunidade e com o mundo.

Lembre-se, a cura é um processo contínuo e muitas vezes não é linear. É um ato de autocompaixão para liberar quaisquer expectativas que você tenha sobre o processo de cura. Conceda a si mesma a graça de que precisa para tentar curar, e o resto acontecerá à medida que você se envolver no trabalho de cura. Você encontrará significado por meio deste trabalho; na verdade, cura tem a ver com a coragem de retornar às origens da dor e lidar com elas quando necessário. A bruxaria oferece métodos práticos para curar, e é uma honra compartilhá-los com você.

Nas próximas páginas estão os rituais e feitiços para curar seu corpo, mente e espírito. Minha esperança é que você possa revisitá-los sempre que necessário, com uma nova perspectiva, para sempre fortalecer seus poderes de cura.

3

CURE SEU CORPO

Seu corpo é o recipiente para a sua força de vontade e suas habilidades mágicas. Auxiliar seu corpo a se tornar e permanecer o mais saudável possível é um objetivo valioso na produção de magia de qualidade. Aplicar bruxaria ao trabalho da cura corporal significa utilizar ferramentas mágicas de cura na forma de feitiços e rituais para criar energia medicinal para o corpo. É útil pensar na cura corporal mágica como um alinhamento do corpo com os ritmos naturais dos elementos que possuem propriedades medicinais. Ao sintonizar seus ingredientes mágicos com seus sentidos e suas ações no reino físico, o corpo começa a se curar usando a energia metafísica produzida. Vamos, agora, nos voltar para o ato mágico de curar seu corpo.

BOM DIA, RAIO DE SOL

OBJETIVO DO FEITIÇO: carregar seus cristais e seu corpo com energia para o dia, invocando as quatro direções em uma bênção mágica.

MOMENTO SUGERIDO:
Logo após acordar para o dia

ITENS NECESSÁRIOS:
- Vela
- Isqueiro

INGREDIENTES MÁGICOS:
- 1 colher de sopa de tomilho seco ou alguns ramos de tomilho fresco
- 1 cristal de citrino
- 1 cristal de cornalina
- 3 gotas de óleo de laranja

FEITIÇO

✦ Aninhe seus cristais em uma cama de tomilho. Ao fazê-lo, liberte-se da vontade de voltar para a cama e transfira essa energia para os cristais cuidadosamente arrumados. Permita que eles absorvam a energia da força da cama de tomilho.

✦ Unte sua vela com o óleo. Ao mesmo tempo, observe seu corpo começando a se preparar e se limpar para o dia que se inicia. Envie essas vibrações de otimismo para o óleo e a vela com os dedos, esfregando em sentido horário. Lave as mãos para remover o óleo. Acenda sua vela de alegria energética.

✦ Pegue os cristais, um em cada mão, e feche-as ao redor deles. Sinta as propriedades energizantes do citrino e da cornalina, carregados pelo tomilho, subindo pelos seus braços e entrando em seu corpo. Imagine a energia girando em seu interior, trazendo-lhe renovação.

✦ Vire-se para o leste. Estenda as mãos à sua frente, abrindo os dedos para revelar os cristais na direção leste. Entoe:

"Bom dia, leste. Dou-lhe boas-vindas

Para abençoar com a energia do ar esses dois cristais."

Segure os cristais nas palmas das mãos e mergulhe na energia oriental do ar.

✦ Em seguida, vire-se para o sul e entoe:

"Bom dia, sul. Dou-lhe boas-vindas
Para abençoar com a energia do fogo esses dois cristais."

Segure os cristais nas palmas das mãos e mergulhe na energia austral do fogo.

✦ Em seguida, vire-se para o oeste e entoe:

"Bom dia, oeste. Dou-lhe boas-vindas
Para abençoar com a energia da água esses dois cristais."

Segure os cristais nas palmas das mãos e mergulhe na energia ocidental da água.

✦ Em seguida, vire-se para o norte e entoe:

"Bom dia, norte. Dou-lhe boas-vindas
Para abençoar com a energia da terra esses dois cristais."

Segure os cristais nas palmas das mãos e mergulhe na energia boreal da terra.

✦ Feche as mãos ao redor dos cristais e absorva toda essa energia em seu âmago. Apague a vela para selar a energia dos cristais em você. Leve seus cristais carregados e abençoados com você para ter energia o dia todo.

BOLSO CHEIO DE PROTEÇÃO

OBJETIVO DO FEITIÇO: prevenir doenças magicamente, criando e carregando este amuleto protetor.

MOMENTO SUGERIDO:
Lua cheia

ITENS NECESSÁRIOS:
- 2 tigelas pequenas
- saquinho de musselina ou quadrado de tecido
- barbante ou linha

INGREDIENTES MÁGICOS:
- 1 colher de sopa de cheiro-verde seco ou 2 ramos de cheiro-verde fresco
- 1 colher de sopa de alecrim seco ou 2 ramos de alecrim fresco
- 1 cristal de turmalina
- 1 cristal de quartzo fumê

FEITIÇO

✦ Disponha os ingredientes no altar. Coloque as ervas em tigelas separadas. Coloque a turmalina em cima da salsinha e o quartzo fumê em cima do alecrim. Sele a união traçando no ar, com o dedo, um pentagrama acima de cada par.

✦ Estenda as mãos, com as palmas para baixo, uma sobre cada tigela, e entoe:

"Pela escuridão da salsa e pela luz do alecrim
Sele essas ervas, extraia seu poder para mim
As pedras que ofereço para defender e proteger
Agora em minha bolsa, esta magia vou recolher.

✦ Coloque todas as ervas e cristais no saquinho ou no meio do pedaço de tecido. Usando a linha, amarre o saco/tecido, fechando-o com três nós completos enquanto entoa:

"Por nó um, está feito.
Por nó dois, será verdadeiro.
Por nó três, assim seja."

✦ Leve este sachê mágico com você, no bolso ou na bolsa, sempre que precisar de proteção contra doenças. Troque os ingredientes e repita, quando necessário, a cada lua cheia.

ABAIXAR E SE REERGUER

OBJETIVO DO FEITIÇO: este ritual é projetado para vencer o cansaço e dar a você um impulso de energia naqueles dias em que você precisa continuar. Canalize sua Elle Woods interior, uma especialista em manifestação alegre, com esse ritual animado.

MOMENTO SUGERIDO:
Sempre que precisar de energia extra, principalmente no meio da tarde.

ITENS NECESSÁRIOS:

- Difusor de óleo essencial
- Vela
- Isqueiro

INGREDIENTES MÁGICOS:

- Mistura de óleos essenciais:
  2 gotas de óleo de limão,
  2 gotas de óleo de alecrim,
  3 gotas de óleo de hortelã-pimenta

FEITIÇO

✦ Adicione os óleos essenciais ao difusor.

✦ Acenda uma vela sem perfume e centralize-se. Sinta o aroma dos óleos essenciais. Concentre-se nos lugares do seu corpo nos quais você tem tensão presa ou onde ele se sente exausto. Deixe o aroma penetrar nesses lugares e comece a energizá-los suavemente.

✦ Respire cinco vezes, longa e profundamente.

✦ Em cada inspiração, erga os braços acima da cabeça. Estenda-os até onde as pontas dos dedos alcançarem, sentindo os ombros subindo e o peito se expandindo por completo. Até mesmo, se sentir que deve, fique na ponta dos pés.

✦ Ao expirar, curve-se para a frente, estendendo as mãos em direção ao chão. Não se preocupe com o quanto você consegue descer; esta não é uma pose de ioga, mas um movimento ritual – a simples ação yin e yang de abrir, alongando, e fechar, abaixando, é projetada para alinhar a sua energia para este feitiço.

✦ Em sua última inspiração, fique em pé, em posição de repouso, e concentre-se em sua vela. Abra-se para que os óleos revigorem seu corpo alinhado por inteiro. Sinta sua energia aumentar enquanto a vela queima intensamente. Após alguns minutos, apague a vela, desligue o difusor e volte ao seu dia agitado com mais energia e motivação.

UMA MAÇÃ POR DIA

OBJETIVO DO FEITIÇO: este feitiço serve para ajudar a manter uma alimentação melhor para fortalecer o seu corpo para o trabalho de cura.

MOMENTO SUGERIDO:
Logo pela manhã ou antes de dormir

ITENS NECESSÁRIOS:
- Athame
- 1 maçã inteira

INGREDIENTES MÁGICOS:
- ½ colher de chá de pimenta caiena
- 1 pedra de aventurina verde
- 1 pedra de citrino
- 3 gotas de óleo de cedro

FEITIÇO

✦ Coloque a maçã em seu altar. Coloque o cristal de aventurina e o cristal de citrino um de cada lado da maçã.

✦ Fique em pé com os pés bem plantados, as mãos acima da maçã e entoe:

"Força de dentro, força de fora
Faça escolhas saudáveis, afaste minha insegurança."

✦ Corte a maçã ao meio com seu athame e diga:

"Eu parto este fruto com a vontade do meu coração
Para acalmar meus desejos e me presentear com um recomeço."

✦ Unte a maçã com algumas gotas de óleo de cedro e diga:

"Como a macieira brota da terra
Assim meu apetite saudável renascerá."

✦ Polvilhe pimenta caiena sobre a polpa da maçã e diga:

"Estimule minha rotina de alimentação saudável
Evitando açúcares e substituindo por legumes."

✦ Esfregue as duas metades da maçã em sentido horário e diga:

"Pelas energias nascidas aqui eu decreto para mim
Fazer escolhas saudáveis, que seja assim."

✦ Enterre as metades da maçã fora de casa, viradas para baixo, para selar o feitiço e aumentar sua força de vontade contra tentações que não são saudáveis.

ATRÁS DA MÁSCARA

OBJETIVO DO FEITIÇO: este feitiço ajudará você a revelar seu Eu mais autêntico por meio de uma renovação da pele do rosto. Nosso Eu mais autêntico é o nosso Eu mais saudável. No entanto, muitas vezes usamos máscaras de inautenticidade para nos adequarmos às expectativas sociais. Use esta máscara facial para refrescar seu rosto e permitir que seu verdadeiro e belo Eu brilhe.

MOMENTO SUGERIDO:
Lua minguante, lua nova

ITENS NECESSÁRIOS:
- Tigela
- Pilão e socador
- Mel
- Água ou creme de leite fresco

INGREDIENTES MÁGICOS:
- Açafrão moído
- 1 pedra de quartzo transparente
- 1 pedra de jaspe

FEITIÇO

✦ Misture 1 colher de chá de açafrão em pó com 1 colher de sopa de mel.

✦ Adicione lentamente creme de leite fresco suficiente para fazer uma mistura homogênea. Pare quando alcançar a consistência desejada – provavelmente quando estiver firme o bastante para pegar com os dedos, mas maleável o suficiente para espalhar. A água é um bom substituto se você não tiver creme de leite fresco.

✦ Segure o quartzo em uma das mãos e o jaspe na outra e gesticule acima da mistura em movimentos de vaivém.

✦ Entoe:

"Pela pedra vermelha de jaspe esta raiz vermelha da terra
Irá revelar e ativar minha autoestima escondida.
O mel adoçará o ferrão daqueles que rejeitarem minha verdade
O creme devolverá minha visão à esperança da minha juventude."

✦ Aplique a máscara no rosto e permita que a energia enraizada do açafrão e do jaspe remova qualquer coisa ligada a você que não é autêntica. Deixe-a secar por 15 minutos. Prometa a si mesma ser a pessoa que você é, mesmo que essa pessoa incomode outras.

✦ Remova a máscara com água morna, entendendo que é assim que você se cura. É assim que você assume seu poder com o brilho da autoconfiança e deixa para trás a bagunça do mascaramento. Que assim seja.

HOJE NÃO, DOR!

OBJETIVO DO FEITIÇO: este feitiço usa magia de nós para extrair a energia da dor do corpo e devolvê-la à Mãe Terra para ser curada.

MOMENTO SUGERIDO:
Quando necessário

ITENS NECESSÁRIOS:

- 15 a 20 centímetros de linha, barbante ou tira de tecido
- Caldeirão
- Isqueiro longo

INGREDIENTES MÁGICOS:

- 1 colher de sopa de salsinha seca
- ½ colher de chá de alho em pó
- 1 cristal de turmalina negra

FEITIÇO

✦ Envolva a turmalina com o barbante sem apertar. A turmalina atuará como um agente para ajudar a tirar a dor de seu corpo e passá-la para o barbante.

✦ Concentre sua atenção na fonte de sua dor. Coloque a turmalina na parte do corpo dolorida e entoe:

"Dor passe para este nó
Retiro você deste exato lugar
Cure-me, conserte-me, liberte-me
Vá embora dor, agora, que assim seja."

✦ Dê um nó em uma das pontas do barbante. Recoloque no lugar e repita o encantamento.

✦ Dê um nó na outra ponta do barbante. Recoloque no lugar e repita o encantamento.

✦ Remova o barbante da turmalina e dê um nó bem no meio.

✦ Coloque a salsinha no caldeirão e o barbante por cima.

✦ Polvilhe o alho em pó por cima da salsinha e do barbante.

✦ Com o isqueiro longo, coloque fogo no conteúdo do caldeirão, queimando-o até que se reduza a cinzas. Enquanto ele queima, entoe:

"Conforme esses nós queimam, a dor é liberada
O bem-estar é restaurado, e o sofrimento acaba."

✦ Enterre as cinzas ou jogue-as no vaso sanitário para se livrar dessas energias dolorosas.

MAGIA DA TIGELA DE FERTILIDADE

OBJETIVO DO FEITIÇO: este feitiço da tigela de água invoca a magia da Deusa Mãe das águas curativas. A tigela, neste feitiço, representa o útero. Os ingredientes e o método destinam-se a abrir o útero para a possibilidade de conceber, removendo quaisquer bloqueios energéticos para esse fim.

MOMENTO SUGERIDO:
Lua nova

ITENS NECESSÁRIOS:

- Caldeirão
- Água fervente

INGREDIENTES MÁGICOS:

- ½ xícara de folha de sálvia
- ¼ xícara de cravo inteiro
- 2 colheres de sopa de alecrim
- ¼ xícara de botões de lavanda secos
- Cristais de cornalina
- Cristais de quartzo fumê
- Cristais de quartzo transparentes

FEITIÇO

✦ Adicione todas as ervas ao caldeirão. Em seguida, organize suas pedras em cima das ervas em um círculo. A cornalina dirigirá o poder das ervas para os órgãos reprodutores, e os quartzos amplificarão essa ajuda.

✦ Coloque as mãos sobre a tigela e entoe:

"Sálvia para limpeza do corpo inteiro
Cravo para aumentar a fertilidade
Alecrim para a força da Deusa Mãe
Lavanda para calor interior e paz."

✦ Despeje a água fervente sobre as ervas e as pedras até que a tigela esteja quase cheia.

✦ Com cuidado, coloque o rosto no vapor que está esfriando e inale o aroma mágico para dentro de seus pulmões. Sinta os pulmões se encherem de luz medicinal. Sinta os cristais direcionando essa luz curadora para o útero. Continue a inspirar a magia de cura e expire qualquer coisa que esteja bloqueando a concepção.

✦ À medida que a água esfria, saiba que a magia está se acomodando em seu corpo para fazer o seu trabalho. Descarte a água fria em suas plantas para a nutrição mágica delas. Durma com os cristais magicamente carregados perto de você até a lua cheia para selar o feitiço.

PAUSA DO HORTELÃ-PIMENTA

OBJETIVO DO FEITIÇO: este feitiço ajuda a aliviar dores de cabeça de tensão para que você volte aos trilhos e continue com o seu dia.

MOMENTO SUGERIDO:
Quando necessário

ITENS NECESSÁRIOS:
- Óleo carreador, se desejado

INGREDIENTES MÁGICOS:
- 1 cristal de quartzo transparente
- 3 gotas de óleo de hortelã-pimenta

FEITIÇO

✦ Comece este ritual mudando de lugar. Vá para fora, se possível. Encontre uma escada silenciosa no prédio onde você trabalha, se necessário. Apenas mova seu corpo para um local diferente de onde a dor de cabeça começou. Afastar-se da vibração de tensão ajuda seu corpo a se redefinir.

✦ Aplique uma gota de óleo de hortelã-pimenta em cada uma das têmporas, misturando-o com óleo carreador, se desejar.

✦ Enquanto massageia o óleo de hortelã-pimenta nas têmporas, entoe:

"A dor de cabeça se desfaz, a dor se cabeça desfaz
Obedece-me e me deixa em paz."

✦ Em seguida, aplique um pouco de óleo na nuca. Repita o encantamento.

✦ Depois, pressione o cristal na testa e repita o encantamento.

✦ Inspire e expire três vezes bem fundo para deixar o óleo e os cristais curarem sua dor por completo.

✦ Repita o feitiço em uma hora ou quando necessário.

CURA DO CORTE DAS UNHAS

OBJETIVO DO FEITIÇO: este feitiço tem como objetivo ajudar o seu corpo a superar doenças persistentes e redirecionar sua energia para uma saúde robusta.

MOMENTO SUGERIDO:
Lua minguante

ITENS NECESSÁRIOS:
- Chumaços de algodão
- Aparador de unhas
- Frasco de vidro pequeno ou saquinho biodegradável

INGREDIENTES MÁGICOS:
- 1 cristal de turmalina
- 1 cristal de fluorita
- Óleo essencial de eucalipto ou óleo de melaleuca (ou qualquer aroma que preferir, conforme necessário)

FEITIÇO

✦ Feche os olhos. Segure, com os punhos fechados, a turmalina em uma mão e a fluorita em outra. Fique pelo menos 5 minutos com as pedras. Estas são pedras absorventes, então se concentre em enviar sua energia negativa e sua enfermidade para elas. Imagine todas as doenças saindo do seu corpo, descendo pelos seus braços e chegando até as suas unhas e as pedras. Deixe tudo se acumular nas pedras e nas pontas das suas unhas. Quando estiver pronta, solte as pedras no altar para serem purificadas e carregadas após o feitiço.

✦ Aplique um pouco do óleo de sua preferência em um chumaço de algodão. Unte cada uma das unhas com o óleo usando o algodão.

✦ Entoe os versos a seguir, um para cada dedo:

"Pelo poder de uma, minha doença acaba
Pelo poder de duas, está encerrada
Pelo poder de três, volto a ser saudável

Pelo poder de quatro, já não me sinto mal
Pelo poder de cinco, sinto-me muito mais viva
Pelo poder de seis, minha saúde restauro
Pelo poder de sete, minha saúde é dada
Pelo poder de oito, não espero mais
Pelo poder de nove, a saúde é minha
Pelo poder de dez, assim o é, amém."

✦ Apare as unhas uma a uma, tendo o cuidado de guardar os pedaços. Repita o encantamento acima para cada unha enquanto a corta. Coloque todas as aparas no frasco ou no saco. Espalhe-as fora de casa ou enterre-as, se possível, e deixe a doença ser liberada de volta à terra para se curada.

ELIXIR CURATIVO DE ÁGUA DE LUA

OBJETIVO DO FEITIÇO: criar um elixir curativo de água de lua para adicionar ao seu café ou à água de cozimento para uma infusão de energia que atrai saúde.

MOMENTO SUGERIDO:
Lua cheia

ITENS NECESSÁRIOS:
- Frasco ou garrafa de vidro
- Água fresca

INGREDIENTES MÁGICOS:
- 1 cristal de aventurina verde
- 1 cristal de ametista
- 1 cristal de quartzo transparente

FEITIÇO

✦ Encha sua garrafa com água fresca após o pôr do sol em uma noite de lua cheia. Coloque-a em seu altar junto com três pequenos cristais de aventurina verde, ametista e quartzo transparente.

✦ Encante seus cristais com intenção de cura. Esfregue as mãos até que se aqueçam com o atrito e coloque-as sobre os cristais, com as palmas voltadas para baixo. Imagine que o calor que flui de suas palmas para os cristais está cheio de calma e cura.

✦ Coloque a aventurina verde na água e diga:

"Pedra verde, eu a invoco
Mantenha-me forte e livre de doenças."

✦ Coloque a ametista na água e diga:

"Pedra púrpura, eu a invoco
Acalme minha mente e cure meu corpo."

✦ Adicione o quartzo transparente à água e diga:

"Pedra de energia universal,
Amplie minha intenção, que assim seja.

✦ Feche bem o frasco. Agite os ingredientes no frasco fechado em sentido horário por três vezes para unir todas as energias.

✦ Coloque a mistura de água/cristal sob a luz da lua para carregá-los magicamente. Certifique-se de guardar o recém-criado elixir de água de lua antes do amanhecer. Armazene-o em um armário à sombra e fresco e evite colocá-lo sob a luz direta do sol. Use uma ou duas gotas diariamente em sua bebida preferida ou cozinhando para infundir seu corpo com esse elixir mágico de cura.

FEITIÇO DA FAÍSCA SEDUTORA

OBJETIVO DO FEITIÇO: realize este feitiço de magia de cristais e velas antes de fazer amor consigo mesma ou com outra pessoa para curar a estagnação sexual, aumentar a libido e inspirar paixão.

MOMENTO SUGERIDO:
Lua crescente, lua cheia

ITENS NECESSÁRIOS:
- Difusor de óleo essencial
- Vela
- Tigela pequena, resistente ao calor e cheia de sal
- Isqueiro

INGREDIENTES MÁGICOS:
- 1 colher de chá de pimenta caiena
- 1 colher de chá de canela
- 1 cristal de jaspe
- 1 cristal de cornalina
- 1 cristal de quartzo rosa
- 1 cristal de citrino
- mistura de óleos essenciais: 2 gotas de manjericão, 2 gotas de ylang-ylang, 2 gotas de alecrim, 2 gotas de cedro

FEITIÇO

✦ Adicione a mistura de óleos ao difusor e ligue-o.

✦ Coloque uma música e/ou roupas que façam você se sentir sexy, se desejar. Você pode até querer saborear uma taça de vinho. Este é um feitiço de energia sexual alegremente elevada, então utilize qualquer método que a deixe aberta à luxúria e à paixão.

✦ Prepare seu altar com os ingredientes. Coloque o jaspe ao norte, a cornalina ao sul, o quartzo rosa a leste e o citrino a oeste. Todos são cristais de sexo e amor e criarão um vórtice de paixão em seu altar. Coloque sua tigela de sal no centro da encruzilhada dos quatro de cristais. Coloque a pimenta caiena e a canela em cima do sal. Aninhe a vela no meio da mistura.

✦ Acenda a vela e encante seus sentidos com a luz da chama dançante. Entoe:

"Meus olhos recebem beleza em um corpo belo
Meu nariz fareja luxúria no pescoço da pessoa amada
Meus ouvidos ouvem a respiração suave acelerando
Meus dedos passeiam em zonas de prazer
Meus lábios saboreiam paixão a cada beijo."

✦ Continue a mover seu corpo ao som da música, sentindo o cheiro do ambiente. Quando sentir a energia se transformar em tensão, apague a vela e abrace os prazeres da libertação que está por vir.

DESPISTANDO O RESFRIADO

OBJETIVO DO FEITIÇO: este feitiço cria um vapor e uma poção calmantes, tradicionais de bruxas de lareira, e serve para aqueles dias em que você está enfraquecida com um resfriado.

MOMENTO SUGERIDO:
Quando necessário

ITENS NECESSÁRIOS:
- Panela de cozinha média cheia de água
- Xícara de chá
- Athame
- Toalha

INGREDIENTES MÁGICOS:
- 1 cristal de quartzo fumê
- poção para ficar melhor:
  ½ colher de chá de alho picado,
  uma pitada de pimenta caiena,
  1 colher de chá de gengibre fresco,
  2 colheres de sopa de suco de limão,
  ½ colher de chá de canela,
  1 colher de chá de mel, se desejar
- mistura de óleos essenciais:
  4 gotas de eucalipto,
  3 gotas de óleo de hortelã-pimenta,
  2 gotas de óleo de alecrim

FEITIÇO

✦ Ferva a água.

✦ Carregue sua toalha com vibrações calmantes, envolvendo-a no quartzo fumê. Coloque a toalha de lado, mas ao seu alcance.

✦ Prepare sua poção. Misture o alho, o suco de limão e o gengibre em uma tigela pequena. Acrescente a pimenta caiena e a canela. Quando estiver bem misturado, transfira a poção para uma xícara de chá. Toque com a ponta de sua faca cerimonial ou athame no centro da poção.

✦ Segure o athame com firmeza e entoe:

"Com esta faca, corto em dois
O poder deste resfriado e gripe
Que esta poção disperse minha doença
Assim é, esta é a minha vontade."

✦ Quando a água ferver, apague o fogo e encha sua xícara de chá com ela. Adicione a mistura de óleos essenciais ao restante da água da panela.

✦ Aproxime, com cuidado, o rosto ao vapor da panela de água fervente, certificando-se de que ele não esteja muito quente antes de prosseguir. Cubra a cabeça com a toalha para ajudar a direcionar o vapor para o rosto. A água continuará a vaporizar por algum tempo e você inalará esse vapor medicinal. Ao inspirar, concentre-se nas energias curativas que entram em sua garganta, pulmões e peito. Ao expirar, libere a doença de seu corpo para ser purificada no vapor. Repita até que o vapor esfrie. Seque o rosto com a toalha. Para descartar, despeje a água fria e sua doença no ralo.

✦ Por fim, beba sua poção de cura que já esfriou. Se desejar, adicione um pouco de mel na borda da xícara antes de beber. Segure seu quartzo enfumaçado como companhia de cura enquanto faz isso. Limpe seu paladar com um pedaço de chocolate amargo, se necessário. Vá para a cama com um bom livro e descanse um pouco.

MAGIA DE VELA PARA DORMIR

OBJETIVO DO FEITIÇO: este feitiço lhe ajudará a descansar melhor durante a noite, aproveitando o poder calmante da lavanda, sálvia, ametista e dos óleos essenciais por meio do trabalho energético da magia das velas.

MOMENTO SUGERIDO:
Antes de dormir

ITENS NECESSÁRIOS:

- 1 vela
- Isqueiro
- 1 prato
- Caldeirão cheio com 5 centímetros de sal
- 1 saquinho de musselina ou quadrado de tecido

INGREDIENTES MÁGICOS:

- ¼ xícara de lavanda seca
- 1 colher de chá de sálvia moída
- 1 cristal de ametista
- 1 cristal de quartzo fumê
- Óleo essencial de lavanda, ylang-ylang, jasmim ou baunilha (escolha o perfume que você mais gosta para acalmar as vibrações)

FEITIÇO

✦ Comece misturando a lavanda e a sálvia; espalhe a mistura em um prato. Desenhe um pentagrama com o dedo na mistura para carregá-lo.

✦ Unte a vela com o óleo escolhido.

✦ Vista a vela oleada com a mistura, cobrindo-a com as ervas. Firme a vela recém acesa no meio do caldeirão cheio de sal. Coloque as ervas restantes no saquinho de musselina.

✦ Coloque o saquinho e os dois cristais na frente da vela. A energia da vela acesa vai carregá-los em todo o seu potencial de indução ao sono.

✦ Quando estiver pronta, acenda a vela e entoe:

"A vela está acesa, o dia acabou,
Eu conto de trás para frente de dez até um."

✦ Sente-se confortavelmente em frente à vela. Concentre-se na chama dançante ou feche os olhos e descanse à luz da vela, o que for mais relaxante para você.

✦ Inspire bem fundo; deixe o seu peito se encher de ar. Segure-o por três segundos, e durante esse tempo, não se concentre em nada. Deixe a sua mente se esvaziar por completo. Em seguida, expire totalmente, falando o número "dez" no final da expiração. Repita esse processo. Comece com sua inspiração profunda, segure-a por três segundos, expire e diga "nove". Continue abaixando até "um".

✦ O objetivo é desacelerar seu corpo. Pense nisso como uma liberação do dia. Dê a si mesma o presente do tempo passado sem fazer nada além de respirar. Permita que o fluxo lento penetre e cure sua inquietação.

✦ Quando estiver pronta, apague a vela e entoe:

"O feitiço está lançado, que assim seja,
Sono reparador venha para mim."

✦ Traga seu sachê de ervas e os dois cristais para a mesinha de cabeceira ou coloque-os sob o travesseiro para manter a energia de repouso perto de você durante toda a noite.

PODER TRIPLO DA DEUSA

OBJETIVO DO FEITIÇO: este feitiço recarrega e renova seu corpo. O arquétipo da Deusa é chamado de Deusa Tríplice ao honrar os três estágios do ciclo de vida feminino: donzela, mãe e anciã. Independentemente da crença religiosa específica, ainda há grande energia mágica ao aproveitar o ciclo de poder natural da juventude, fertilidade e velhice. Invoque as três facetas poderosas do arquétipo da Deusa Tríplice para recarregar e renovar seu corpo.

MOMENTO SUGERIDO:
Lua nova, lua crescente

ITENS NECESSÁRIOS:
- 3 velas
- Isqueiro

INGREDIENTES MÁGICOS:
- ¼ colher de chá de gengibre em pó

FEITIÇO

✦ Comece polvilhando um pouco de gengibre em pó sobre as velas para invocar uma energia de cura revigorante.

✦ Entoe:

"Enquanto acendo estas velas três
Invoco os poderes da Deusa a mim
Recarregue e renove meu corpo por completo
Dai-me força, torne-me plena."

✦ Acenda a primeira vela e diga:

"Esta primeira chama para a Donzela,
Sua juventude ilimitada rejuvenesce meu corpo."

✦ Acenda a segunda vela e diga:

"Esta segunda chama para a Mãe
Seu toque condutor me dá uma renovação amorosa."

✦ Acenda a terceira vela e diga:

"Esta terceira chama para a Velha
Sua sabedoria inabalável recarrega meus ossos.
Deusa, conceda-me esses dons divinos.
Eu os usarei em amor e em honra a ti.
Está feito, que assim seja."

✦ Sente-se com suas velas, absorvendo o amor da Deusa.

Quando estiver pronta, sopre-as e viva seu dia, sabendo que o poder da Deusa renovou o seu corpo.

RITUAL PRECIOSO DO CORPO

OBJETIVO DO FEITIÇO: este feitiço é para positividade corporal e conecta você com seu corpo físico usando gratidão e amor. Ao inundar seu corpo com gratidão, você o encoraja a florescer e se curar, transformando a autodepreciação em autovalorização.

MOMENTO SUGERIDO:
Sempre que estiver se sentindo com baixa autoestima ou desconectada do amor-próprio

ITENS NECESSÁRIOS:

- Difusor de óleo essencial

INGREDIENTES MÁGICOS:

- 1 cristal de quartzo rosa
- 1 cristal de aventurina verde
- Mistura de óleos essenciais:
  3 gotas de óleo de alecrim,
  3 gotas de óleo de laranja,
  2 gotas de óleo de bergamota

FEITIÇO

✦ Sente-se em um local tranquilo e confortável com sua mistura de óleos sendo liberada pelo difusor. Segure a pedra de quartzo rosa em uma das mãos e a aventurina verde na outra. Feche as mãos em punho em torno das pedras.

✦ Respire lentamente, relaxando, enquanto se concentra no poder amoroso do quartzo rosa e nos poderes de cura da aventurina verde. Imagine que as pedras estão enviando energia pulsante para os seus braços e para o centro do seu corpo. Sinta as energias da saúde e do amor se entrelaçando e formando um oito por todo o seu corpo.

✦ Quando estiver pronta, entoe:

"Sou mais resiliente do que percebo,
Sou mais forte do que sinto,
Sou mais inteligente do que penso,
Sou mais bela do que imagino,
Estou me curando.

✦ Repita três vezes. Durma com as pedras debaixo do travesseiro na mesma noite para mergulhar totalmente no amor curador.

4

CURE SUA MENTE

A mente é um dos componentes mais poderosos da cura mágica. Aprendendo a acalmar nossos egos irritados com conhecimento, novas perspectivas e liberação, substituímos as emoções e energia negativas por modos de operação mais elevados e úteis. Emoções como dúvida, ciúme, medo, ódio, raiva e apatia se dispersam com a aplicação do poder de cura do amor intencional. Os feitiços a seguir são elaborados para ajudá-la a encontrar paz de espírito para que você possa se curar e, assim, produzir uma energia mais elevada e mágica, fluindo em direção ao bem maior.

MAGIA DE MOLEDRO DE CRISTAIS

OBJETIVO DO FEITIÇO: este ritual é projetado para ajudá-la a se ancorar, encontrar equilíbrio e preparar sua mente para a cura necessária. Moledros são pilhas de rochas equilibradas por humanos, usadas por nossos ancestrais como guias para viajantes e como indicação de espaços mágicos. Aplique esta antiga prática de construir um moledro usando seus cristais para invocar um equilíbrio fundamentado em seu espaço mágico.

MOMENTO SUGERIDO:
Quando necessário

ITENS NECESSÁRIOS:

- Uma superfície plana e calma

INGREDIENTES MÁGICOS:

- 4 ou 5 cristais de sua escolha

FEITIÇO

✦ Selecione cristais de sua coleção que possam ser equilibrados em pilha. Em geral, quanto mais achatado o cristal, melhor. Se você não tiver muitos cristais empilháveis, é igualmente mágico procurar, nos ambientes naturais das redondezas, por rochas planas que possam servir ao mesmo propósito de serem equilibradas. Normalmente, praias e riachos produzem excelentes rochas planas devido ao desgaste da água em suas formas. Talvez uma mistura de cristais e rochas locais seja a mais eficaz para você!

✦ Disponha as pedras de forma alinhada em seu altar, da maior para a menor, da esquerda para a direita. Agora, com cuidado e paciência, coloque os cristais ou pedras menores em cima dos maiores. Observe como a base sólida permite erguer o moledro. Sinta o equilíbrio dos cristais menores dependendo dos maiores para ter suporte. Examine como fundações e suporte funcionam em sua própria vida. Onde você precisa de mais de cada um?

✦ Ao contemplar seu moledro, abençoe-o com o seguinte encantamento:

"Pedras de equilíbrio e harmonia
Ajudem minha mente com estabilidade
Construindo, firme, em direção ao céu
Com fundações sólidas como meus guias."

✦ Quando estiver pronta, deixe o moledro realizar sua magia de aterramento e servir como lembrete, quando você estiver se sentindo estranha, para voltar à sua verdadeira base.

FEITIÇO DA TECELÃ ANGUSTIADA

OBJETIVO DO FEITIÇO: este feitiço usa os poderes das especiarias curativas e de magia de tecelagem para atrair vibrações calmantes para a mente ansiosa.

MOMENTO SUGERIDO:
Lua crescente, lua cheia

ITENS NECESSÁRIOS:

- 3 fitas ou tiras de pano cortadas em pedaços de 30 x 5 cm. Uma camiseta velha funcionará bem para isso
- Uma tigela grande e resistente ao calor
- Água fervente

INGREDIENTES MÁGICOS:

- 1 colher de chá de sálvia moída
- 1 colher de chá de cravo moído
- 1 colher de chá de anis moído

(use uma colher de sopa de cada se usar folha de sálvia fresca, cravo inteiro ou anis estrelado)

FEITIÇO

✦ Em seu altar, disponha as três tiras de fita ou tecido ao lado da tigela resistente ao calor.

✦ Adicione a sálvia, o cravo e o anis à tigela. Em seguida, despeje a água fervente sobre as ervas para ativar seus poderes. Enquanto a água ainda estiver soltando vapor, coloque, uma a uma, as tiras de pano na tigela.

✦ Entoe:

"Esta primeira fita é para proteção,
Mantenha-me segura e longe do mal.

Esta segunda fita é para serenidade,
Acalme meus medos e mantenha-me calma.

Esta terceira fita é para força mental,
Ajude-me com autoconfiança e
Dissipe meus receios ansiosos.

✦ Deixe as fitas de molho na magia das especiarias até que a água esfrie. Aprecie o aroma calmante das ervas enquanto liberam sua energia de cura.

✦ Depois que as três fitas tiverem esfriado, trance ou torça-as juntas para amarrar o feitiço.

✦ Deixe-as secarem no altar durante a noite.

✦ Use ou carregue o amuleto trançado para combater a ansiedade.

POTE DE BRUXA

OBJETIVO DO FEITIÇO: este feitiço usa a magia de banimento do tradicional pote de bruxa para conter e aplacar a raiva. A raiva prejudica a cura, mesmo que nossa raiva seja justificada. A raiva pode nos levar a dizer ou fazer coisas que na verdade não tínhamos a intenção ou que não estão alinhadas com nossa missão de cura. Amenizar a raiva é até uma cura por si só, considerando a paz que traz. Use esse pote de feitiço para acalmar a raiva, para que você possa seguir em frente com clareza para lidar com a situação.

MOMENTO SUGERIDO:
Quando necessário

ITENS NECESSÁRIOS:

- Um pote de tamanho médio com tampa
- Um punhado de objetos pontiagudos, como percevejos, alfinetes ou pregos
- Vela e isqueiro para cera líquida quente

INGREDIENTES MÁGICOS:

- 2 colheres de orégano
- 2 colheres de camomila
- 1 cristal de turmalina
- 1 cristal de jaspe

FEITIÇO

✦ Coloque, um a um, os objetos pontiagudos no frasco. Ao soltar cada um deles, pense nas razões pelas quais está com raiva. Realmente coloque sua energia nas palavras ou ações que o magoaram. Coloque tudo para fora com o manuseio cuidadoso desses objetos pontiagudos e assustadores. Reflita sobre como lidar de maneira cuidadosa com a raiva é um movimento de proteção para sua saúde.

✦ Na sequência, acrescente o orégano ao pote para trazer paz e relaxamento, e a camomila para um efeito calmante.

✦ Em terceiro lugar, coloque as pedras em cima das ervas. A turmalina absorverá a raiva e o jaspe aterrará e equilibrará suas emoções.

✦ Use o isqueiro para derreter a cera da vela, feche a tampa e sele o pote com a cera. Enterre esse pote de bruxa de raiva banida fora de casa para permitir que a magia da terra absorva e dissipe a raiva e assim você possa prosseguir com clareza e se curar dos efeitos prejudiciais desse sentimento. Desenterre o frasco três dias depois e retire os cristais para carregá-los. Descarte o restante do conteúdo junto com sua raiva em uma lixeira externa.

SPRAY DE NÉVOA DE ÂNIMO

OBJETIVO DO FEITIÇO: a depressão pode ser opressiva e incapacitante. Mesmo tarefas aparentemente simples, como tomar banho, podem parecer intransponíveis. Para ajudá-la a sair da escuridão e ir em direção à luz, use esta névoa ritual para revitalizar, sem muito esforço, seus cobertores, lençóis, roupas, corpo ou cabelo. Prepare-a quando estiver se sentindo bem para dar um impulso a si mesma nos dias em que não conseguir reunir muita energia para fazer nada.

MOMENTO SUGERIDO:
Crie sob a lua cheia, use quando necessário

ITENS NECESSÁRIOS:

- Frasco de spray de névoa fina, limpo e vazio
- 30ml de água destilada
- 30ml de hidrossol ou vodca

INGREDIENTES MÁGICOS:

- Cristais de quartzo fumê
- Cristais de quartzo rosa
- Mistura de óleos essenciais: 8 gotas de óleo de ylang-ylang, 8 gotas de óleo de bergamota, 8 gotas de óleo de laranja

FEITIÇO

✦ Misture a água e o álcool no borrifador. Agite-o suavemente para misturar os ingredientes.

✦ Adicione os óleos ao frasco. Mais uma vez, agite e role a garrafa para misturar bem.

✦ Coloque a garrafa sob a lua cheia, cercada pelos cristais de quartzo. Deixe a energia da lua cheia carregar os cristais e a mistura todos juntos, ligando magicamente suas propriedades de alívio da depressão.

✦ Armazene a garrafa em um local fresco e sombreado para até um mês de uso. Pulverize conforme necessário em suas roupas, lençóis, sofá ou cabelo para melhorar seu humor e ajudá-la a se sentir revigorada.

AMULETO BOLA ANTIESTRESSE

OBJETIVO DO FEITIÇO: reduza o estresse criando este amuleto e exibindo-o em sua casa ou em seu altar.

MOMENTO SUGERIDO:
Prepare-o sob uma lua minguante

ITENS NECESSÁRIOS:

- Difusor de óleo essencial
- 1 laranja grande
- Palito de dente
- Prato
- Arame de artesanato (um gancho de enfeite de Yule ou até mesmo um clipe de papel deve funcionar)
- Barbante ou fita
- Frasco pequeno

INGREDIENTES MÁGICOS:

- Design: ½ xícara de cravos inteiros
- Poção:
  1 colher de chá de canela,
  1 colher de chá de cravo moído,
  1 colher de chá de noz-moscada,
  1 pedaço de quartzo fumê
- Mistura de óleos essenciais:
  2 gotas de lavanda,
  2 gotas de bergamota,
  1 gota de laranja,
  2 gotas de ylang-ylang

FEITIÇO

✦ Ligue o difusor de óleo essencial com a mistura nele.

✦ Usando o lado pontiagudo, espete os cravos na laranja para criar desenhos ou sigilos aromáticos e aliviadores do estresse. Você pode querer furar os orifícios com o palito antes para criar o desenho e, em seguida, depois de terminar o desenho, adicionar os cravos aos orifícios. Crie qualquer design que lhe pareça certo. Algumas opções são corações, estrelas, diamantes, linhas, setas ou uma letra.

✦ Enquanto isso, prepare sua poção misturando os temperos e espalhando a mistura em um prato.

✦ Quando a laranja com cravos estiver pronta, role-a sobre a mistura da poção no prato. Observe que os sucos liberados pelas perfurações da casca ajudarão os temperos a realmente grudarem na laranja. Deixe a laranja descansar por alguns momentos na poção.

✦ Retire a laranja e perfure a casca com o arame, passando-o por baixo de um pedaço firme de casca e saindo novamente. Prenda o barbante ao arame. Pendure o pingente em uma maçaneta ou varão de cortina, de onde emanará vibrações antiestresse. Descarte-o quando a laranja começar a ficar branca.

✦ Bônus! Guarde o excesso de poção em um frasco. Adicione um cristal de quartzo fumê para ativar a poção. Você pode manter o frasco no altar, no porta-luvas, ao lado da cama, em uma gaveta do trabalho – onde você precisar de um pouco mais de alívio do estresse em sua vida.

CURA LUNAR PARA CORAÇÕES PARTIDOS

OBJETIVO DO FEITIÇO: corações partidos doem demais. Não há dúvida sobre isso. A solução para um grande sofrimento nunca é instantânea, porém um trabalho consistente de cura realmente ajuda. Este feitiço é uma maneira eficaz de usar o ciclo lunar para desligar a pessoa com quem você tinha um relacionamento e seguir em frente com confiança e amor.

MOMENTO SUGERIDO: Identifique as datas da próxima lua nova, lua crescente, lua cheia e lua minguante. Você vai realizar este feitiço em cada uma dessas noites com um objetivo progressivo de cura e desapego.

ITENS NECESSÁRIOS:

- Caldeirão
- Tesoura
- Frasco pequeno
- 3 pedaços de barbante de 15 centímetros
- Isqueiro longo
- Uma foto sua e do seu ex

INGREDIENTES MÁGICOS:

- 1 cristal de sodalita
- 1 cristal de jaspe
- 1 cristal de fluorita
- 1 cristal de quartzo rosa

FEITIÇO

✦ Na noite de lua nova, o foco do feitiço será a separação, então você poderá começar de novo.

✦ Comece rasgando a fotografia ao meio com você de um lado e a pessoa do outro. Coloque as metades no altar e conecte as duas partes com um barbante. Segure a sodalita, pedra da expressão verbal e da paz, em uma das mãos. Coloque o dedo indicador no barbante. Imagine a pessoa na sua frente. Diga-lhe tudo o que precisa. Talvez você grite com a pessoa, talvez você chore, talvez você diga que a ama. Fale qualquer verdade que seja real para você, como você a sente com relação a essa pessoa. Feito isso, corte o barbante e guarde-o no frasco junto com a fotografia e a sodalita. Deixe a sodalita trabalhar sua magia calmante e cheia de verdade no barbante cortado e na foto.

✦ A próxima é a noite da lua crescente. Repita a mesma arrumação em seu altar com a fotografia rasgada do frasco, com um novo barbante entre as duas metades. Segure o jaspe, a pedra de aterramento e enraizamento, na mão. Coloque o dedo na corda e pense em todas as coisas que você fez por si mesma na última semana e pode continuar a fazer. Retorne às suas raízes. Considere fazer arte, cozinhar ou escrever. Encontre um lugar para recomeçar nas bases de suas próprias forças e talentos. Quando terminar, corte o barbante e guarde-o no frasco junto com os outros barbantes, a fotografia e o jaspe. Deixe o jaspe enraizá-lo em um novo começo.

✦ Em seguida, vem a noite de lua cheia. Repita a mesma arrumação em seu altar com a imagem rasgada do frasco e um novo barbante entre as duas metades. Segure a fluorita, a pedra da purificação e limpeza, na mão. Coloque o dedo no barbante e diga à outra pessoa tudo o que você rejeita nela. Concentre-se nas coisas que lhe machucaram ou não foram saudáveis para você. Coloque tudo no barbante e na fluorita para uma liberação total dessas energias negativas. Você não merece nada além de vibrações positivas. Ao terminar, corte o barbante e guarde-o no frasco junto com os outros barbantes, a fotografia e a fluorita. Deixe a fluorita limpar as energias ruins do relacionamento do seu passado para que você possa seguir em frente livre de vibrações baixas.

✦ Por fim, chega a noite de lua minguante. Veja quão longe você chegou, bruxa! Hora de tirar todos os barbantes e a meia foto com a pessoa. Queime-os juntos em seu caldeirão, reduzindo-os a cinzas. Um isqueiro longo funciona bem para isso, pois você pode segurar a chama diretamente nos itens. Enquanto queima tudo, segure o quartzo rosa na mão. Sinta o passado se libertando. Transfira esse alívio para o quartzo rosa em forma de amor-próprio. Liberte a pessoa amada pela última vez e siga em frente com amor autoconfiante e otimismo para o futuro. Carregue o quartzo rosa com você até a lua nova, quando o feitiço estará completo.

SOA FAMILIAR

OBJETIVO DO FEITIÇO: este feitiço é projetado para ajudar a curar uma memória que está falhando, melhorar a memória e ajudar a reter informações.

MOMENTO SUGERIDO:
Lua crescente, lua cheia

ITENS NECESSÁRIOS:
- Sino
- Tigela pequena de água morna
- Vela
- Bolsa pequena de musselina

INGREDIENTES MÁGICOS:
- 1 colher de chá de canela em pó
- 1 colher de sopa de cravos
- 1 cristal de ametista
- 1 cristal de quartzo transparente

FEITIÇO

✦ Acenda a vela ao lado da tigela com água morna. Você sabia que a água tem memória? Por ser reciclada pelos ciclos naturais de evaporação e condensação, a água é um poderoso agente de firmeza. Use esse conhecimento enquanto você faz redemoinhos com o dedo na água, três vezes em sentido horário, para carregá-la à luz da vela.

✦ Toque o sino três vezes.

✦ Adicione a canela, o cravo e os cristais à água.

✦ Toque o sino três vezes, mais uma vez.

✦ Deixe a vela queimar por pelo menos uma hora enquanto os ingredientes carregam totalmente.

✦ Quando a energia estiver no máximo, toque o sino mais três vezes.

✦ Escorra a água da tigela e guarde os cristais e as especiarias. Coloque-os no saco de musselina e deixe este secar sob a luz da lua cheia. Toque e cheire o saco de feitiço sempre que precisar de um impulso em suas habilidades de memória. Coloque-o em sua mesa enquanto trabalha ou estuda. Deixe a magia curar seu cérebro disperso e lhe ajudar a reter informações.

POTES DE FELICIDADE

OBJETIVO DO FEITIÇO: este feitiço de pote é uma maneira poderosa de criar energia feliz e otimista quando você está se sentindo para baixo. Esta é uma magia de cura que você pode refazer quando necessário.

MOMENTO SUGERIDO:
Lua cheia

ITENS NECESSÁRIOS:

- Pote de conserva ou de picles completado com 3 dedos de sal
- Vela pequena
- Isqueiro

INGREDIENTES MÁGICOS:

- 3 colheres de sopa de camomila
- 5 ramos frescos de hortelã
- 1 cristal de citrino
- 1 cristal de cornalina
- 3 gotas de óleo de laranja

FEITIÇO

✦ Adicione a camomila por cima do sal e arrume os raminhos de hortelã na borda do pote. Coloque o citrino e a cornalina também.

✦ Unte a vela com o óleo de laranja enquanto entoa:

"Perfume de felicidade, traga alegria alegre,
Queime a tristeza, queime o medo."

✦ Coloque a vela no meio do sal.

✦ Quando estiver pronta, acenda a vela e entoe:

"Pote de otimismo, abundante e intenso
Por esta luz que toda escuridão penetra.
Sou testemunha da crescente alegria
E aproveite sua essência para usar o ano todo."

✦ Deixe a vela queimar abaixo da borda do pote, se ainda não o fez. Apague a vela e feche a tampa depressa para capturar um pouco da fumaça dentro do pote.

✦ Este pote irá emanar vibrações felizes, então escolha um local visível para ele. Talvez ele fique bem perto da pia da cozinha, enquanto você lava a louça, ou na cômoda, para definir o clima enquanto você se arruma pela manhã.

✦ Caso sinta que o frasco está um pouco estagnado, tudo o que você precisa fazer é reacender a vela para carregar por alguns minutos sob o luar. Você também pode substituir a hortelã para uma renovação rápida e infusão de sorte, se precisar. Normalmente, os poderes do pote duram tanto quanto a vela, quando, na próxima lua cheia, você poderá fazer um novo, se desejar.

O MAIS FORTE DE TODOS

OBJETIVO DO FEITIÇO: este feitiço utiliza seu poder interior, encantando o seu espelho, para revelar e aumentar a sua força de cura.

MOMENTO SUGERIDO:
Lua crescente, lua cheia

ITENS NECESSÁRIOS:
- Tigela pequena
- Óleo de jojoba
- Espelho
- Dois pedaços de linha ou barbante de 30 cm

INGREDIENTES MÁGICOS:
- 3 ramos de alecrim
- 3 ramos de tomilho
- 7 gotas de óleo de melaleuca ou de cedro (qualquer perfume que preferir para força de cura)

FEITIÇO

✦ Coloque sete gotas do óleo escolhido em uma colher de sopa de óleo carreador, como o óleo de jojoba. Coloque a mistura de óleos em uma tigela pequena em seu altar.

✦ Mergulhe os dois pedaços de barbante na mistura de óleo por pelo menos uma hora. Deixe que as propriedades fortificantes e intensificadoras do óleo realmente penetrem no barbante.

✦ Quando estiver pronta, tire o barbante e retire o excesso de óleo passando-o entre o polegar e o indicador. Fique à vontade para ungir as têmporas e a nuca com o excesso de óleo se desejar aumentar a sua força de aterramento.

✦ Em seguida, faça dois feixes de ervas. Amarre os três ramos de alecrim com um dos barbantes para aumentar o seu poder de cura. Amarre os três ramos de tomilho para prender a força a você.

✦ Agora é hora de encantar o seu espelho. Pegue um feixe de raminhos em cada mão.

✦ Agite os feixes na frente do seu espelho e ao redor dele, entoando:

"Espelho, espelho, reflexo meu
Encantado com alecrim e tomilho
A bruxa no espelho sou eu
Uma curadora poderosa, que assim seja."

✦ Pendure seus feixes nos cantos do espelho ou coloque-os na base. À medida que secam, eles vão selar seu espelho como uma projeção encantada e magicamente aumentada de seu poder interior e de sua força de cura, que você pode acessar toda vez que se olhar no espelho.

ESPIRAL DA ALMA MÁGICA

OBJETIVO DO FEITIÇO: este feitiço lhe ajudará a se libertar e curar de padrões tóxicos e negativos que lhe impedem de se curar completamente.

MOMENTO SUGERIDO:
Lua cheia, lua minguante, lua nova

ITENS NECESSÁRIOS:

- Vela
- Caldeirão
- Caneta e papel
- Isqueiro longo
- Tigela pequena cheia com 2 a 3 dedos de sal
- Athame

INGREDIENTES MÁGICOS:

- ½ xícara de pimenta-do-reino inteira ou cravos inteiros
- 1 colher de sopa de cúrcuma
- 1 cristal de fluorita

FEITIÇO

✦ Comece anotando padrões tóxicos ou pessoas que a impedem de se curar por completo.

✦ Acenda sua vela. Entoando:

"Queime e solte, liberte-me
Mostre-me o eu mais autêntico
Remova medo e negatividade
Fora padrões tóxicos, deixe-me ser!"

✦ Queime o pedaço de papel na chama da vela, deixando-o cair em seu caldeirão conforme o fogo se aproxima de seus dedos. Termine de queimar o papel com um isqueiro longo, se necessário. Coloque o caldeirão com as cinzas de lado.

✦ Em seguida, crie a poção de banimento. Pegue sua tigela de sal e espalhe uma camada de pimenta ou cravo por cima. Polvilhe uniformemente o açafrão por cima da mistura. Por fim, cubra a mistura com uma camada das cinzas do caldeirão.

✦ Insira a ponta do seu athame na poção, no canto superior esquerdo da tigela. Mova lentamente a lâmina em uma espiral fluida, no sentido anti-horário. Espirale cada vez mais perto do centro.

✦ Pare quando chegar ao centro e encante:

"Espiral para baixo, espiral para fora
Elimine esses hábitos e dúvidas.
Espiral se afasta, espiral fica
Mova-me, quebre-me, renove meu caminho."

✦ Remova o athame. Sele sua espiral recém-criada colocando o cristal de fluorita no centro. Deixe a espiral mágica em seu altar para absorver a energia tóxica negativa e removê-la de sua vida. Descarte espalhando a poção fora de casa após sete dias e sete noites para completar o feitiço.

MISSÃO IMPOSTOR CURADO

OBJETIVO DO FEITIÇO: o objetivo deste feitiço é uma queimadura ritual para aliviar os efeitos da síndrome de impostor que a impede de tomar posse de sua verdade e de seu poder.

A síndrome do impostor é a rejeição internalizada de si mesmo como se é. É o sentimento de inadequação, apesar das inúmeras evidências do contrário. A síndrome do impostor é generalizada na comunidade bruxa e por um bom motivo. Quantos anos de história foram gastos reprimindo qualquer reivindicação de nosso poder? Quantas vezes nos disseram que a magia não é real, ou se é real, então com certeza é má? É uma batalha constante para muitas manter a cabeça erguida e continuar na bruxaria. Aqui está como podemos nos curar disso.

MOMENTO SUGERIDO:
Lua crescente, lua cheia

ITENS NECESSÁRIOS:

- Caldeirão
- Vela pequena
- Sal

INGREDIENTES MÁGICOS:

- 1 colher de sopa de tomilho
- 1 colher de sopa de orégano
- 3 cristais de citrino
- 3 cristais de quartzo transparente

FEITIÇO

✦ Encha seu caldeirão com alguns dedos de sal. Cubra o sal com o tomilho para dar força e o orégano para libertar. A combinação de força interior e libertação de opiniões externas ajudará a curá-la das dúvidas assombrosas da síndrome do impostor.

✦ Coloque a vela no centro do caldeirão.

✦ Carregue a mistura cercando o caldeirão com citrino para reforçar seu senso de identidade e com quartzo transparente para amplificar a energia.

✦ Acenda a vela e entoe:

"Eu sou uma bruxa.
Rejeito a dúvida e aceito minha verdade.
Dissipo a negatividade e honro minha própria força de vontade.
Eu me volto para meu conhecimento interior e minha magia.
Veja-me curada.
Veja-me voar.
Eu sou uma bruxa."

✦ Deixe a vela queimar até o sal. Tome cuidado para não a deixar sozinha enquanto queima. Você pode usar esse tempo para ler alguns livros sobre bruxaria e trabalhar em sua base de conhecimento sobre bruxaria ou, talvez, meditar ou fazer ioga. Use o tempo para se autoaperfeiçoar, desafiando aqueles que gostariam de ver você fracassar.

Depois que a vela estiver completamente queimada, saiba que essa transferência de energia curou o seu senso de identidade. Você é uma bruxa.

A POÇÃO DE FOCO TOTAL

OBJETIVO DO FEITIÇO: criar uma poção mágica para curar um cérebro disperso e ajudar com foco e concentração quando você precisar.

MOMENTO SUGERIDO:
Crie sob uma lua crescente ou cheia; use quando necessário

ITENS NECESSÁRIOS:

- 3 colheres de sopa de azeite ou óleo de semente de uva
- Panela pequena
- Morim
- Pote de vidro pequeno

INGREDIENTES MÁGICOS:

- 3 paus de canela
- 2 colheres de sopa de lavanda seca
- Mistura de óleos essenciais:
  8 gotas de óleo de laranja,
  4 gotas de óleo de hortelã-pimenta,
  2 gotas de óleo de ylang-ylang

FEITIÇO

✦ Aqueça o óleo na panela em fogo médio até ficar brilhante e viscoso.

✦ Junte os paus de canela e os botões de lavanda e cozinhe em fogo baixo por três a cinco minutos.

✦ Mexa de vez em quando.

✦ Retire-o do fogo e deixe descansar por mais três a cinco minutos.

✦ Coe a mistura fria no morim e coloque-a no pote.

✦ Descarte a canela e os botões fora de casa como oferenda à Mãe Terra.

✦ Adicione os óleos essenciais ao frasco.

✦ Agite bem a poção, repetindo:

"Faça-me focar, deixar o mundo lá fora
Mantenha minha atenção, liberte-me da distração
Eu agito acima, eu agito abaixo
Misture bem minha poção, que o foco cresça."

✦ Coloque a poção sob a lua crescente ou a lua cheia para carregar. Aplique um pouco nos pulsos, nas têmporas ou na nuca sempre que precisar curar a falta de foco.

O AJUSTE DE ORÉGANO

OBJETIVO DO FEITIÇO: este feitiço ajudará você a deixar para trás expectativas não realistas ou tóxicas de outras pessoas que pesam sobre o seu senso de clareza e levam-na a decepções desnecessárias. Cure sua perspectiva com este feitiço de liberação.

MOMENTO SUGERIDO:
Lua minguante, lua nova

ITENS NECESSÁRIOS:
- Caldeirão
- Isqueiro

INGREDIENTES MÁGICOS:
- 1 ramo de orégano seco

FEITIÇO

✦ Segure o ramo de orégano por uma das pontas logo acima do caldeirão.

✦ Abençoe o orégano entoando:

"Erva de aterramento, erva de paz
Ajude-me a temperar e libertar
O que é será
O que foi está acabado
Solte a trava que esses pensamentos geraram
Eu queimo você agora, então queime depressa
Expectativas funestas agora são apagadas."

✦ Acenda a ponta do ramo de orégano. Enquanto o ramo queima, concentre-se em reajustar sua atitude para acolher a compreensão. Observe como apenas estar com o perfume aromático caseiro acalma e libera a alma.

À medida que as folhas murcham no fogo, deixe que qualquer coisa que lhe impeça de abraçar expectativas saudáveis seja liberada e queime. Solte o ramo no caldeirão assim que o fogo se aproximar de seus dedos. Inale suavemente a fumaça restante para se purificar e finalizar o feitiço. À medida que a fumaça se dissipa, o feitiço passa a fazer efeito.

VALE A PENA DERRETER POR ALGUMAS COISAS

OBJETIVO DO FEITIÇO: este feitiço serve para estimular a paciência. O processo de cura costuma ser longo e sinuoso, embora gratificante. Alguns dias são mais difíceis do que outros de manter a paciência necessária consigo mesmo. Use este feitiço como um poderoso lembrete do ditado popular "devagar se vai longe".

MOMENTO SUGERIDO:
Lua nova, lua crescente

ITENS NECESSÁRIOS:

- Tigela segura para ir ao freezer ou bandeja de gelo (recomenda-se um recipiente de silicone, pois é mais fácil de trabalhar com ele)
- Vela
- Luz
- Água
- Tigela maior

INGREDIENTES MÁGICOS:

- 1 colher de sopa de lavanda seca
- 1 colher de sopa de alecrim seco
- 1 colher de sopa de tomilho seco

FEITIÇO

✦ Firme sua vela no fundo da tigela/bandeja de gelo. Para fazer isso, acenda brevemente uma vela e deixe a cera derreter um pouco. Goteje a cera derretida no centro da tigela ou bandeja de gelo e pressione a vela nela. Segure a vela no lugar, permitindo que a cera esfrie, endureça e prenda a vela no lugar.

✦ Em seguida, despeje a água na tigela. Ao fazer isso, imagine despejar as frustrações e as preocupações de seu corpo para a tigela.

✦ Adicione suas ervas curativas à água. Enquanto adiciona a lavanda, convide a calma para curar suas frustrações. Enquanto adiciona o alecrim, convide o amor para acalmar suas preocupações. Enquanto adiciona o tomilho, convide força e coragem para serem suas guias.

✦ Com cuidado, coloque a tigela ou bandeja de gelo no congelador. Certifique-se de que esteja nivelada para que congele uniformemente. Deixe congelar durante a noite, enquanto as ervas trabalham sua magia em suas frustrações.

✦ De manhã, retire a poção de gelo do recipiente. Coloque-a em seu altar em uma tigela maior para coletar a água conforme ela derrete.

✦ Acenda sua vela e entoe três vezes:

"À medida que este gelo derrete para a forma líquida
Eu chamo minha paciência para renascer.
Que minhas frustrações esvaeçam e diminuam,
Fugazes como a chuva que cai."

✦ Depois que o gelo derreter, despeje a poção derretida na terra. Desenhe, com o dedo, um pentagrama no ponto úmido da terra. Isso selará o feitiço com magia de terra paciente para ajudar a curar a sua impaciência.

OLHOS DE QUEM VÊ

OBJETIVO DO FEITIÇO: este ritual nos liberta de ciúmes mesquinhos e fofocas que sugam nossa energia positiva e nos deixam incapazes de lidar com nosso próprio trabalho de cura.

MOMENTO SUGERIDO:
Lua nova

ITENS NECESSÁRIOS:

- Tigela de tamanho médio forrada com 2 dedos de sal

INGREDIENTES MÁGICOS:

- 1 xícara de cravo inteiro
- 1 colher de sopa de pimenta preta
- ½ xícara de lavanda seca

FEITIÇO

✦ Neste ritual, você usará suas ervas e especiarias de cura para criar um amuleto para libertá-la de uma mentalidade mesquinha e criar um olho de compaixão para ver o mundo.

✦ Comece desenhando o contorno de um olho na tigela de sal. Faça uma forma oval oblonga com os cravos. Ao colocar cada cravinho de ponta a ponta, pense em todas as vezes em que você se concentrou em deslizes ou ofensas insignificantes em vez de compaixão ou libertação. Pense naqueles de quem você tem ciúmes e por que se sente assim. O cravo absorve nossas energias negativas, então bote tudo para fora.

✦ Entoe enquanto trabalha:

"Cravo sobre cravo, ponta a ponta, corrija minha mesquinhez."

✦ Em seguida, adicione a pupila no centro do olho despejando a pimenta-do-reino em um monte no meio. A pimenta-do-reino é um agente de libertação poderoso, então deixe-a acumular no centro para ajudar a expulsar qualquer ciúme persistente.

✦ Segure as mãos sobre a pupila de pimenta e entoe:

"Pimenta, agite-se, liberte-me, basta de ciúmes mesquinhos."

✦ Por fim, desenhe a íris do olho com os botões de lavanda. Envolva, com delicadeza, a pupila de pimenta com as propriedades calmantes e curativas da flor. A lavanda também é um abridor psíquico, por isso vai ajudá-la a usar sua intuição em vez de seu ego para julgar as situações.

✦ Entoe:

"Lavanda, acalme meu coração inquieto,
Renove meu olhar com um novo começo."

✦ Coloque o seu olho de clareza compassiva sob a lua nova para ativar seu poder e permitir totalmente sua libertação.

5

CURE SEU ESPÍRITO

O espírito da bruxa é a essência, a motivação interior e a alma. O espírito é o ímpeto por trás de seus trabalhos mágicos e a força de poder de sua bruxa interior. Um espírito abatido e adoecido pode embaralhar a energia colocando muita ênfase nos impulsos inferiores do ego, acima dos impulsos de poder superior de nossa alma autêntica. Quanto mais perto se chega da cura do espírito, mais puros e bem-intencionados são os trabalhos mágicos. Um espírito curado também é contagioso e tem um efeito positivo em nossa família, amigos e comunidades. Afinal, pessoas curadas curam outras. Use esses feitiços e rituais para erradicar quaisquer forças insalubres impulsionadas pelo ego e abraçar uma versão sua inspirada, compassiva e destemida.

QUEIMA E BANHO DE ABERTURA PARA O AMOR

OBJETIVO DO FEITIÇO: este feitiço destina-se a libertá-la e curá-la de decepções amorosas passadas e renovar seu coração para a possibilidade de amar.

MOMENTO SUGERIDO:
Lua nova

ITENS NECESSÁRIOS:
- Colher de madeira
- Tigela de mistura
- Pote de vidro
- 2 velas
- Isqueiro
- Pedaço de papel
- Tinta preta
- Tigela pequena
- Banheira
- Mistura para banho: 1 xícara de sal de Epsom, 1 xícara de bicarbonato de sódio, 1 colher de chá de óleo de coco

INGREDIENTES MÁGICOS:
- 8 gotas de óleo de olíbano
- 8 gotas de óleo de lavanda

FEITIÇO

✦ Crie uma poção adicionando, em uma tigela, os óleos à mistura de banho. Incorpore-os bem usando a colher de pau. Use metade desta poção agora, para um ritual de banho de amor, e guarde a outra metade no pote de vidro para usar duas semanas depois, durante a lua cheia.

✦ Prepare seu banho em uma banheira na temperatura desejada, e assim que tampar o ralo, acrescente a poção.

✦ Acenda duas velas na pia do banheiro. Uma vela representa o seu futuro e a outra, o seu passado. Encha a tigela pequena com a água do banho e coloque-a entre as velas. Escreva algo simbólico do passado no pedaço de papel – talvez o nome de um ex-namorado.

✦ Queime o papel com o isqueiro e entoe:

"Adeus decepção, até nunca mais dor,
Liberto-as da minha memória, a ganhar apenas amor."

✦ Coloque o papel em chamas na tigela pequena com água do banho e apague a vela do passado.

✦ Entre no banho e mergulhe na água morna e curativa. Observe a outra vela queimando com positividade futura. Mergulhe seu corpo e seus ossos na poção de cura e renovação. Quando terminar, seque e jogue a tigela de papel queimado e água no vaso sanitário. Apague a vela restante, sabendo que seu futuro amoroso parece brilhante. Duas semanas depois, repita o banho de limpeza com a outra metade da poção para completar o feitiço.

HONRE A MÃE NATUREZA

OBJETIVO DO FEITIÇO: este ritual de bom dia cura a desconexão espiritual com a Mãe Natureza e fortalece seu alinhamento com os ciclos naturais que alimentam seu ofício.

MOMENTO SUGERIDO:
Amanhecer

ITENS NECESSÁRIOS:
- Pá e pote

INGREDIENTES MÁGICOS:
- Você mesma

FEITIÇO

✦ Fique de pé fora de casa em um local tranquilo e privado.

✦ Plante seus pés firmemente no chão. Considere andar descalça se for seguro fazê-lo.

✦ Vire para o leste. Centralize-se. Aprecie o local escolhido. Na próxima inspiração profunda, levante os braços acima da cabeça. Com os braços ainda levantados, entoe:

"Eu honro o ar oriental."

Expire enquanto abaixa os braços.

✦ Vire para a direita para ficar de frente para o sul. Na próxima inspiração profunda, levante os braços acima da cabeça. Com os braços levantados, cante:

"Eu honro a chama austral."

Expire enquanto abaixa os braços.

✦ Continue este processo para oeste:

"Eu honro a água ocidental."

✦ E norte:

"Eu honro a terra boreal."

✦ Quando terminar, abaixe-se e pegue terra de onde você realizou a cerimônia. Leve para casa em um pote para o seu altar. Terra ritual é ótima para atrair saúde para sua vida só de estar presente em sua casa. Desfrute de sua energia mágica e curativa.

✦ Descarte após um ciclo lunar e repita o feitiço quando necessário.

DANÇARINA LUNAR DE OLHO NAS ESTRELAS

OBJETIVO DO FEITIÇO: o objetivo deste ritual é curar qualquer desconexão que você sinta com o universo e se conectar com a cura divina usando o poder do cosmos.

MOMENTO SUGERIDO:
Lua cheia ou véspera de um grande sabá

ITENS NECESSÁRIOS:

- Tigela de água
- Tigela de sal
- Sino ou carrilhão
- Athame
- Diário ou pedaço de papel pequeno e caneta

INGREDIENTES MÁGICOS:

- 1 cristal de ametista
- 1 cristal de quartzo transparente

FEITIÇO

✦ Defina seu espaço sagrado ao ar livre colocando a água a oeste, o sal ao norte, o sino a leste e o athame ao sul. Esses objetos representam os elementos água, terra, ar e fogo, respectivamente.

✦ Fique de pé no centro dos quatro elementos. Use seus cinco sentidos para se conectar com a natureza. Qual é o cheiro do ar? Há gosto de umidade no ar? Você ouve uma brisa sussurrando entre as árvores? Sinta o chão em que está pisando. Por fim, olhe para as estrelas no céu à noite.

✦ Enquanto olha para cima, levante os braços para o céu como se estivesse tocando as estrelas. Balance os braços de um lado e para outro. Permita que o movimento continue descendo pelos braços e entrando na cabeça e no tronco. Comece a balançar os quadris e talvez faça uma pequena pirueta em uma perna. Dance ao som da música do céu noturno. Dance para celebrar seu lugar no cosmos. Dance para aceitar a presença divina em sua vida.

✦ Quando cansar, sente-se e descanse no centro dos seus quatro elementos. Segure a ametista e o quartzo transparente perto de si. Pegue seu diário ou pedaço de papel e volte seus olhos para o céu. Desenhe a posição das estrelas e da lua conforme as vê. Não se preocupe com precisão ou talento artístico. Concentre-se em transcrever o momento conforme você o vivencia, na linguagem das estrelas. Retorne a esse desenho e noite mágicos quando precisar se lembrar de seu lugar abençoado e especial entre as estrelas e curar qualquer desconexão recorrente.

POÇÃO DE ABERTURA DE CAMINHO DOS VIDENTES

OBJETIVO DO FEITIÇO: use esta poção para aumentar a receptividade do seu espírito a mensagens psíquicas e visões sobre o caminho da sua vida. Cure qualquer sensação de engano ou confusão que você possa ter sobre o propósito de sua vida e sobre o futuro aplicando esta poção em seus trabalhos mágicos.

MOMENTO SUGERIDO:
Lua cheia

ITENS NECESSÁRIOS:

- Panela pequena
- 2 colheres de sopa de azeite
- Morim
- Frasco pequeno

INGREDIENTES MÁGICOS:

- 3 ramos de alecrim
- 3 ramos de tomilho
- 3 folhas de sálvia
- ¼ xícara de lavanda seca
- 3 gotas de óleo essencial de cedro

FEITIÇO

✦ Aqueça o óleo na panela em fogo médio até ficar brilhante e viscoso.

✦ Junte o alecrim, o tomilho, a sálvia e a lavanda, acrescentando mais azeite, se necessário, para cobrir totalmente as ervas. Cozinhe em fogo baixo por 5 a 10 minutos. Mexa de vez em quando.

✦ Retire do fogo e deixe descansar por mais 3 a 5 minutos.

✦ Coe a mistura fria com o morim para dentro do frasco.

✦ Descarte as sobras de ervas do lado de fora como oferenda à Mãe Terra.

✦ Adicione o óleo de cedro ao frasco.

✦ Agite bem a poção, repetindo:

"Adivinhos e sibilas, oráculos e profetas
Emprestem-me seus talentos, mostrem-me o meu caminho.
Por ervas e por óleo, descubro meu propósito de vida
Abram minha estrada, até meu último dia de vida."

✦ Carregue a poção sob a luz da lua cheia. Use-a para ter clareza, quando necessário, passando no terceiro olho, nas têmporas ou no coração. Como alternativa, use a poção na unção de velas em feitiços para ajudar a tomar decisões de vida ou iniciar novos empreendimentos.

UM LIVRO ABERTO

OBJETIVO DO FEITIÇO: este feitiço ajuda a curar qualquer desconexão com a sua intuição ou fraqueza nas suas habilidades psíquicas. Ele usa a magia da bibliomancia, ou divinação usando livros, para ajudá-la a receber orientações do divino. Ao invocar sua intuição e ferramentas intuitivas, você será capaz de receber mensagens divinas por meio de palavras escritas e se curar da desconexão divina.

MOMENTO SUGERIDO:
Lua crescente, lua cheia

ITENS NECESSÁRIOS:

- Um livro favorito ou um livro que tenha significado para sua alma. Talvez seja um romance que mudou sua vida, um livro de poemas inspiradores ou um texto espiritual como a Torá ou a Bíblia. Quanto mais familiarizada, conectada e investida no texto você estiver, melhor.
- Difusor de óleo essencial
- ½ xícara de sal

INGREDIENTES MÁGICOS:

- 3 cristais de ametista
- 3 cristais de sodalita
- 3 cristais de quartzo transparentes
- Mistura de óleos essenciais: 4 gotas de lavanda, 3 gotas de bergamota

FEITIÇO

✦ Sente-se no chão, em um local tranquilo e confortável, com o livro escolhido.

✦ Ligue o difusor contendo a mistura de óleos essenciais perto de você.

✦ Crie um círculo ao seu redor com uma fina linha de sal. Defina pontos de ametista, sodalita e quartzo transparente ao longo do sal para criar uma rede protetora de energia intuitiva.

✦ Segure o livro em suas mãos e pressione-o contra a testa, deixando a energia do livro se fundir com sua mente por um minuto ou mais. Respire profunda e uniformemente o tempo todo.

✦ Ao pressionar o livro contra o corpo, peça ao espírito para falar com você por meio do livro.

✦ Entoe três vezes:

"Espírito divino, ouça meu apelo,
Use este livro para me enviar uma mensagem
Palavras de orientação e palavras de luz
Eu recebo seu significado claro e radiante."

✦ Ao terminar de entoar pela terceira vez, deixe o livro cair aberto em seu colo. No mesmo instante, coloque o dedo na página onde sentir que ele foi atraído. Leia a passagem que o espírito escolheu que você visse. Reflita sobre o seu significado. Pense sobre o lugar da passagem no livro como um todo. Em seguida, pense na mensagem no contexto dos eventos atuais de sua vida. Como você pode usar essa mensagem? Lembre-se, o espírito quer ajudá-la, então tente formular conselhos para si mesma a partir da passagem. Acredite que esse processo está curando sua intuição e confie no espírito para falar a verdade que você precisa ouvir.

ENCANTADA E ARMADA

OBJETIVO DO FEITIÇO: este encanto atrai proteção mágica para o seu espírito usando a magia de cristais defensivos, ervas e especiarias. Cure rachaduras em sua armadura espiritual com este amuleto de sachê.

MOMENTO SUGERIDO:
Lua crescente, lua cheia

ITENS NECESSÁRIOS:
- Isqueiro
- Saquinho de musselina ou quadrado de tecido

INGREDIENTES MÁGICOS:
- Pacote de sálvia seca
- 3 folhas de louro
- 1 colher de sopa de salsinha seca
- 1 colher de sopa de sálvia moída
- 1 cristal de fluorita
- 1 cristal de quartzo transparente

FEITIÇO

✦ Coloque todos os ingredientes em seu altar separadamente.

✦ Acenda a sálvia seca e agite a fumaça sobre todos os ingredientes e ao seu redor para limpar quaisquer energias negativas presas.

✦ Em seguida, encante esses ingredientes para proteção. Segure levemente as mãos sobre os itens e entoe:

"Eu invoco a proteção desses cristais e ervas
Guarda-me do mal e das curvas tumultuadas.
Mantenha-me em segurança, livre de dúvidas, danos e medo
Estou protegida do perigo quando este amuleto está próximo."

✦ Coloque todos os ingredientes abençoados no saco ou amarre-os juntos no quadrado de pano. Use-o com você, guarde-o no bolso ou na bolsa, ou exiba no altar. Segure o sachê para obter energia protetora sempre que sentir necessidade de curar sua proteção espiritual. Recarregue-o sob a lua cheia todos os meses.

PRÁXIS DE DIVINAÇÃO COM FUMAÇA

OBJETIVO DO FEITIÇO: a mudança é difícil de aceitar. Como criaturas de hábitos, muitas vezes nos sentimos mal-humorados, confusos ou até mesmo zangados quando mudanças ocorrem. Cure suas respostas negativas e cheias de estresse e mude-as por meio da práxis da magia de divinação com fumaça.

MOMENTO SUGERIDO:
Lua minguante, lua nova

ITENS NECESSÁRIOS:

- Vela
- Isqueiro
- Tigela pequena de água
- Athame
- Sino

INGREDIENTES MÁGICOS:

- 1 cristal de jaspe
- 1 gota de óleo de lavanda

FEITIÇO

✦ Coloque a vela no centro de seu altar e unte-a com o óleo de lavanda. Envolva-a com o poder das quatro direções colocando o cristal ao norte da vela, o athame ao sul da vela, a pequena tigela de água a oeste e o sino a leste.

✦ Acenda a vela. Olhe fixamente para a chama dançante. Observe como ela oscila e se move ao ritmo da energia mundana interna e externa. Medite sobre a mudança que está acontecendo em sua vida. Pense em como aconteceu e em como você está lidando com ela atualmente. Reflita se você está respondendo da maneira mais saudável ou se ajustes precisam ser feitos. Por fim, por meio do poder da fumaça, invoque o mundo espiritual para obter orientação divina sobre tal mudança.

✦ Quando estiver pronta, apague a vela. Siga a direção da fumaça com os olhos. Foi para o norte, em direção ao seu cristal? Ou para uma direção diferente? Abaixo, segue o que a direção e o tipo de fumaça significam para ajudá-la a entender, aceitar e curar a mudança:

* A FUMAÇA SOBE RETA: o Espírito avisa que nada deve ser feito. Apenas desapegue e aceite a mudança.
* A FUMAÇA SOBE PARA O NORTE: essa mudança exigirá sua liderança e confiança; é hora de enfrentar o desafio e tomar posse de seu poder.
* A FUMAÇA SOBE PARA O SUL: essa mudança provavelmente será difícil e caótica; permita-se graça com os desafios.
* A FUMAÇA SOBE PARA O LESTE: essa mudança traz novos começos maravilhosos; procure oportunidades.
* A FUMAÇA SOBE PARA O OESTE: essa mudança fecha um capítulo em sua vida; desapegue desse capítulo.
* FUMAÇA ABUNDANTE: apresse-se para agir quanto à mudança.
* FUMAÇA FINA E TÊNUE: leve o tempo que precisar processando a mudança.

✦ Ao explorar intencionalmente sua resposta à mudança com este método de divinação, você está se curando e trabalhando a mudança em sua vida.

RITUAL DE INSPIRAÇÃO ESPIRITUAL

OBJETIVO DO FEITIÇO: conjure inspiração para o seu espírito usando o poder mágico do ar de palavras significativas e faladas para elevá-la e curá-la de uma estagnação espiritual.

MOMENTO SUGERIDO: este ritual de oração é invocado ao amanhecer, significando novos começos.

INGREDIENTES MÁGICOS:

- 1 cristal de citrino
- 1 cristal de cornalina

ITENS NECESSÁRIOS:

- Vela
- Isqueiro
- Caneta e papel

FEITIÇO

✦ Na noite anterior à realização deste ritual, sente-se à sua mesa e acenda uma vela para atrair centelhas de inspiração para você. Escreva uma lista de 12 coisas que inspiram sua alma. Não tenha medo de ir fundo e ser criativa. Podem ser inspirações físicas, como bons livros, seu artista favorito, flores ou seus filhos. Também podem ser inspirações intangíveis, como risadas, a brisa nas árvores, o som do oceano batendo na praia ou a energia de seus cristais.

✦ Depois de consolidar sua lista, escreva uma frase ao lado de cada item que descreva a qualidade deste que mais o inspira. Por exemplo: "Mary Cassatt inspira o amor de meu espírito pela beleza e meu cuidado com meus filhos como mãe". Ou: "O som do oceano inspira meu espírito a encontrar seu ritmo".

✦ Quando terminar, coloque os cristais em sua página para carregar as palavras durante a noite.

✦ Na manhã seguinte, fique de pé, firme, em um local significativo ao ar livre, com a lista em uma das mãos e os cristais na outra.

✦ Deixe o poder da terra e do ar se combinarem em suas palavras fluidas. Seu espírito se cura enquanto você lê sua lista em voz alta como uma oração à Mãe Natureza. Para lembrá-la desse momento de cura, escolha uma pedra do chão onde você está e leve-a para o seu altar como lembrança dessa renovação de cura.

CULPA, VÁ EMBORA

OBJETIVO DO FEITIÇO: a culpa é um fardo pesado, em especial quando estamos arrependidos de verdade ou quando nos sentimos culpados por coisas fora de nosso controle. Cure seu espírito do fardo da culpa usando a leveza da magia do ar.

MOMENTO SUGERIDO:
Lua minguante, lua nova; escolha uma noite clara e seca para não danificar o tecido.

ITENS NECESSÁRIOS:
- 1 cachecol, cobertor ou moletom que você usa com frequência e que te conforta.
- Um local seguro ao ar livre para pendurar a peça de roupa, como um varal, galho de árvore, sacada, alpendre ou janela aberta.
- Tigela pequena

INGREDIENTES MÁGICOS:
- Cristais de sodalita
- Cristais de quartzo fumê

FEITIÇO

✦ Após do pôr do sol, pendure sua peça de roupa especial do lado de fora.

✦ Amarre os cristais à peça de roupa ou coloque-os logo abaixo dela em uma tigela.

✦ Fique de pé, com os braços erguidos para o a peça de roupa, e invoque o poder do ar entoando:

"Vento sopre forte ou vento sopre suavemente
Do norte ou do sul alivia abundantemente
Leste e oeste purificam minha alma oprimida
Poder do ar, por favor, me faça inteira."

✦ Deixe a peça do lado de fora durante a noite, permitindo que os cristais, o ar noturno e o luar a limpem e renovem.

✦ De manhã, traga a roupa e os cristais para dentro e deixe o orvalho secar. Use a roupa quando precisar aliviar a culpa de sua mente. O tecido carregado magicamente ajudará a remover o fardo e curá-la com conforto mágico.

PEQUENO ALTAR DE ALINHAMENTO

OBJETIVO DO FEITIÇO: o espírito é curado pelo alinhamento de mente e corpo. Quando sua mente e corpo estão alinhados, o espírito flui naturalmente. Este feitiço cria um minialtar ritual de alinhamento entre a mente e o corpo que contribui para um espírito saudável e próspero.

MOMENTO SUGERIDO:
Conforme necessário

ITENS NECESSÁRIOS:

- Espaço no parapeito de uma janela ou uma mesa pequena ao lado de uma janela ensolarada

INGREDIENTES MÁGICOS:

- Pedras de abertura de chakra:
- Quartzo transparente: chakra coronário
- Ametista: chakra frontal
- Sodalita: chakra laríngeo
- Aventurina verde: chakra cardíaco
- Citrino: chakra do plexo solar
- Cornalina: chakra sacro
- Jaspe: chakra raiz

FEITIÇO

✦ Muitas vezes nosso corpo não parece alinhado ao que nossa mente deseja. Nossa cabeça está nos dizendo uma coisa enquanto nosso intestino nos diz outra. Sentimo-nos confusos sobre quais ações tomar a seguir. Essa confusão nos desanima e enfraquece o espírito. Para ajudar, use o poder dos cristais para abrir seus sete chakras, ou centros de energia corporal, e alinhar seus pensamentos e suas ações.

✦ Comece colocando o quartzo transparente no topo da cabeça. Entoe:

"Poder do quartzo, abra para mim,
as profundezas da minha espiritualidade."

Coloque o quartzo no parapeito da janela.

✦ Coloque a ametista na testa. Entoe:

"Poder da ametista, abra para mim,
permita que meu terceiro olho veja."

Coloque a ametista ao lado do quartzo no parapeito da janela.

✦ Coloque a sodalita na garganta. Entoe:

"Poder da sodalita, abra para mim,
a capacidade de falar a verdade livremente."

Coloque a sodalita ao lado da ametista no parapeito da janela.

✦ Coloque a aventurina verde sobre o seu coração. Entoe:

"Poder da aventurina, abra para mim,
encha meu coração de alegria e júbilo."

Coloque a aventurina ao lado da sodalita no parapeito da janela.

✦ Coloque o citrino sobre o abdômen. Entoe:

"Força do citrino, abra para mim,
força de vontade e intencionalidade."

Coloque o citrino ao lado da aventurina no parapeito da janela.

✦ Coloque a cornalina sobre a pélvis. Entoe:

"Poder da cornalina, abra para mim,
imaginação e criatividade."

Coloque a cornalina ao lado do citrino no parapeito da janela.

✦ Por fim, coloque o jaspe na lombar. Entoe:

"Poder do jaspe, abra para mim,
uma sensação de lar e segurança."

Coloque o jaspe ao lado da cornalina no peitoril da janela.

✦ Aprecie a beleza da luz do sol dançando em seu minialtar de abertura e alinhamento. Deixe essa imagem e energia unificar totalmente sua mente e corpo para produzir um espírito curado e próspero.

ESCALDA-PÉS DE PERDÃO

OBJETIVO DO FEITIÇO: seu espírito é curado através do perdão. Use este escalda-pés mágico para invocar o perdão para aqueles que o prejudicaram. Frequentemente, a raiva é justificada e merecida, até justa. No entanto, para o bem de nossa preciosa energia espiritual, é produtivo, por fim, tentar perdoar em algum momento. Mesmo que a pessoa não mereça perdão, pense nisso como uma libertação. Essa pessoa não tem mais permissão para afetá-la, pois você seguiu em frente com clareza e compaixão por seu espírito.

MOMENTO SUGERIDO:
Lua minguante, lua nova

ITENS NECESSÁRIOS:

- Tigela grande e resistente ao calor
- Água fervente

INGREDIENTES MÁGICOS:

- 1 colher de sopa de canela em pó
- 2 colheres de sopa de camomila
- 1 colher de sopa de lavanda
- 1 cristal de ametista
- 1 cristal de quartzo fumê

FEITIÇO

✦ Coloque a tigela no chão ao lado de uma cadeira. Adicione a canela, as ervas e os cristais à tigela.

✦ Despeje água fervente sobre a mistura e entoe:

"Raiva ardente, quente como esta água fervente,
Impregne minhas pedras e especiarias calmantes,
E assim essa raiva começa a fraquejar."

✦ Incline-se e inspire a energia calmante das especiarias e ervas ativadas pelo calor por alguns momentos.

✦ Enquanto a água esfria um pouco, fique em pé com os pés descalços no chão. Enquanto você se mantém ereta e orgulhosa, empurre toda a energia da raiva à qual você está se apegando do topo de sua cabeça para baixo através de seu torso, por suas pernas, até os seus pés. Sinta a raiva se acumular pesadamente em seus pés. Sinta o fardo da dolorosa indignação. Deixe doer.

✦ Agora sente-se. Coloque os pés na água de ervas, testando cuidadosamente, primeiro, se é seguro fazê-lo. Mergulhe os pés por completo nas ervas curativas. Massageie os pés nos cristais. Imagine toda a raiva ardente e sombria sendo aos poucos puxada de seus pés pela água mágica. Comece a sentir paz. Comece a sentir plenitude. Saiba que você está se curando dessa experiência difícil. Descarte a água fria em um bueiro ou rio para deixar o perdão fluir livremente, emanando para longe.

FOLHAS DE ESPERANÇA

OBJETIVO DO FEITIÇO: seu espírito sofre de falta de esperança ou crença em seus sonhos. Este feitiço cura essa dúvida e libera as maiores esperanças e desejos do seu coração no universo para que se realizem usando o poder do fogo e das folhas de louro.

MOMENTO SUGERIDO:
Lua nova

ITENS NECESSÁRIOS:

- Caldeirão cheio com 3 dedos de sal
- Isqueiro longo

INGREDIENTES MÁGICOS:

- 4 folhas de louro secas e inteiras

FEITIÇO

✦ Pense em quatro desejos ou esperanças que você gostaria que a lua nova abençoasse. Atribua um desejo a cada folha de louro, sussurrando-o enquanto a segura contra seus lábios.

✦ Disponha cada folha com uma ponta no sal e a outra para cima. Coloque-as nas direções norte, sul, leste e oeste.

✦ Quando estiver pronta, queime cada folha de louro até o nível do sal, uma de cada vez. (É por isso que recomendo um isqueiro longo, pois você pode ter que segurar a chama em cada folha enquanto ela queima para mantê-la acesa.) Este feitiço é sobre inércia, então, para completar o desejo, queremos as folhas de louro em cinzas. Comece queimando o desejo do norte e mova-se no sentido horário até o desejo do oeste. Leve o tempo que precisar e sinta o poder de cada intenção.

✦ Ao queimar cada folha, imagine-se vivendo o melhor resultado de cada desejo e cure suas dúvidas.

✦ Entoe:

"Salve Deusa, abençoada seja,
conceda minhas esperanças
e desejos para mim!"

✦ Descarte as cinzas do lado de fora para selar o feitiço com a Mãe Natureza e iniciar o processo de cura do seu espírito com essa renovação de suas esperanças e sonhos.

COQUETEL DE CORAGEM

OBJETIVO DO FEITIÇO: seu espírito se machuca quando você não consegue convocar confiança e coragem. Monte um altar que invoque o poder de óleos, ervas e cristais para reforçar a confiança e a coragem e curar as inseguranças do seu espírito.

MOMENTO SUGERIDO:
Lua crescente, lua cheia

ITENS NECESSÁRIOS:

- Taça de martini, margarita ou de vinho
- Sal

INGREDIENTES MÁGICOS:

- 3 folhas de louro
- 3 ramos de tomilho
- 3 folhas inteiras de sálvia
- Cristais de citrino
- Cristais de turmalina
- Mistura de óleos essenciais: 3 gotas de laranja, 3 gotas de cedro, 3 gotas de incenso

FEITIÇO

✦ Encha o terço inferior da taça selecionada com sal. Pingue as gotas de óleo essencial sobre o sal.

✦ Disponha as folhas de louro e a sálvia sobre o sal com óleo.

✦ Coloque os cristais em cima das folhas. Sinta-se à vontade para adicionar muitos cristais, se os tiver, para fazer um belo arranjo.

✦ Decore a taça com o tomilho.

✦ Deixe a taça para carregar durante a noite à luz da lua crescente/cheia. Mantenha este coquetel de coragem em seu altar por até 3 dias e 3 noites para inspirar seu espírito com confiança e curar a timidez.

RESOLUÇÃO ELEMENTAL

OBJETIVO DO FEITIÇO: como um guerreiro de cura para si e para os outros, seu espírito encontrará muita energia negativa e pode, às vezes, sentir-se desanimado. Use este feitiço para restaurar e renovar seu espírito dessas energias negativas.

MOMENTO SUGERIDO:
Lua nova

ITENS NECESSÁRIOS:

- Tigela de água morna, de preferência elixir de água da lua aquecida do Elixir curativo de água de lua (consulte a página 65).
- Difusor de óleo essencial

INGREDIENTES MÁGICOS:

- 1 cristal de quartzo rosa
- 1 cristal de citrino
- Óleo de bergamota ou óleo de lavanda para o seu difusor (escolha o aroma que mais gosta)

FEITIÇO

✦ Ligue o difusor com o óleo escolhido.

✦ Sente-se confortavelmente em frente ao seu altar, segurando uma pedra em cada punho.

✦ Quando estiver pronta, pressione os cristais no rosto e entoe:

"Poder do ar, limpe minha visão e minha voz."

✦ Pressione os cristais em seu coração e entoe:

"Poder da terra, fortaleça meu coração e minhas esperanças."

✦ A seguir, pressione os cristais na região pélvica e entoe:

"Poder do fogo, inspire compaixão e criatividade."

✦ Por fim, coloque os punhos na tigela com água morna. Solte seus cristais na tigela de água, deixando as mãos na água. Entoe:

"Poder da água, renove a autoestima e renove a minha alma."

✦ Retire as mãos, deixando-as secar ao ar livre em seu colo, enquanto você continua sentada e respirando lentamente, mergulhando na energia pulsante de amor-próprio que acabou de criar. Combine suas respirações profundas com esse fluxo de energia amorosa. Quando suas mãos estiverem secas, o feitiço estará selado. Você continuará o seu dia com o espírito curado, com a determinação renascida.

O EFEITO CASCATA DA VERDADE

OBJETIVO DO FEITIÇO: agora que você está no caminho certo da cura de seu corpo, mente e espírito, é hora de usar sua perspectiva curada para abraçar a justiça curadora. É hora de encontrar sua voz e coragem para enfrentar os poderosos. Você investiu tanto tempo e energia aprendendo sua verdade, então é hora de ajudar os outros compartilhando seu conhecimento e sua sabedoria. Este feitiço lhe prepara e fortalece seu espírito para um importante trabalho de cura que você direcionará às suas comunidades e ao mundo.

MOMENTO SUGERIDO:
Lua cheia

ITENS NECESSÁRIOS:

- Tigela cheia de água morna colocada em seu altar
- Garrafa com tampa

INGREDIENTES MÁGICOS:

- Ramos de tomilho
- Ramos de hortelã
- 3 cristais de citrinos
- 3 cristais de sodalita
- 1 cristal de quartzo transparente

FEITIÇO

✦ Comece cercando sua tigela de pedras de citrino e de sodalita alternadamente. Preencha as lacunas do círculo de cristal com uma coroa de ramos de tomilho fortalecedores e folhas de hortelã inspiradoras e cheias de verdade. Sinta as energias das pedras e ervas envolvendo e penetrando em sua tigela de água morna de fora para dentro. Considere o quão eficaz a energia mágica pode ser na água, mesmo que não estejam em contato direto. Assim é o efeito do seu poder de ajudar os outros.

✦ Quando estiver pronta, segure a pedra de quartzo transparente alguns centímetros acima do centro da tigela de água. Entoe:

"Pedra de equilíbrio e clareza,
Amplifique minha voz e minha energia.
Espalhe minhas intenções de cura por toda parte
Falarei minha verdade de cura, não me esconderei mais."

✦ Solte a pedra na água. Observe-a mergulhar e o efeito da ondulação de perto. Deixe as ondas de energia tomarem conta de você, fortalecendo-a, até que a água se acalme e o feitiço seja selado.

✦ Engarrafe a água e adicione algumas gotas ao seu chá matinal, café ou vitamina para infundir a sua garganta e plexo solar com o poder da verdade. Seu espírito permanecerá forte para o trabalho de cura à sua frente com esta água de cascata mágica.

PARTE TRÊS

CURE SUA COMUNIDADE

UMA BRUXA É CHAMADA À AÇÃO PELA NATUREZA DE NOSSOS poderes de cura. Somos um farol de luz e esperança para os outros e usamos nossos poderes para provocar mudanças positivas. À medida que nos curamos, passamos a entender que nosso chamado como bruxas também é ajudar e curar os outros. Além disso, sabemos que quando outras pessoas se curam, elas também impactam positivamente seus entes queridos e comunidades. A reação em cadeia da luz curadora é realmente poderosa. Os feitiços que se seguem destinam-se a direcionar sua luz interna de cura para o benefício exponencial de todos.

6

CURE SEUS AMIGOS E FAMILIARES

Começamos a direcionar nossa magia para fora, para nossos amigos e familiares, a fim de curar seus problemas por meio da magia de compaixão. A magia de compaixão é a magia que realizamos em nome de nossos entes queridos que podem estar lutando para se curar física, mental ou espiritualmente. Nos feitiços e rituais a seguir, você encontrará maneiras de direcionar suas energias de cura para ajudar a promover mudanças positivas na vida das pessoas de quem você gosta.

BONEQUINHO DE CURA

OBJETIVO DO FEITIÇO: este feitiço usa o poder de bonequinhos (ou miudezas que representam outra pessoa) para enviar vibrações de cura e cuidado para amigos e familiares aflitos com doenças.

MOMENTO SUGERIDO:
Lua nova

ITENS NECESSÁRIOS:

- Isqueiro
- Boneco
- Tigela grande o suficiente para o bonequinho caber

INGREDIENTES MÁGICOS:

- 1 colher de sopa de sálvia seca ou um maço de sálvia seca
- 1 xícara de lavanda
- ¼ colher de chá de pimenta preta
- Cristais de quartzo rosa
- Cristais de sodalita
- Cristais de fluorita
- 3 gotas de óleo de melaleuca

FEITIÇO

✦ Acenda a sálvia e deixe-a defumar. Passe o bonequinho pela fumaça para limpá-lo de qualquer energia indesejada que possa interferir no feitiço.

✦ Em seguida, unja o boneco com três gotas de óleo de melaleuca, falando o nome da pessoa que você pretende curar enquanto trabalha.

✦ Misture a lavanda e a pimenta-do-reino na tigela. Delicadamente, coloque o boneco na tigela e sele-a com um beijo.

✦ Envolva o boneco com cristais de quartzo rosa, sodalita e fluorita.

✦ Mantenha a tigela com o boneco repousando em um local confortável de sua casa. Considere colocá-lo em sua cômoda, entre as plantas da casa, perto de uma janela ensolarada ou acima da sua lareira.

✦ Cuide do boneco diariamente, sussurrando mensagens de cura e palavras de amor para ele. Continue fazendo essa magia de cura todos os dias até a noite de lua cheia, quando o feitiço estará completo.

SACHÊ DE SUTURAS ADOCICADAS

OBJETIVO DO FEITIÇO: este feitiço usa o poder de ervas curativas e cristais para ajudar seus amigos e familiares a se recuperarem de uma cirurgia.

MOMENTO SUGERIDO:
Quando necessário

INGREDIENTES MÁGICOS:

- Bolsinha de musselina ou tecido
- Agulha e linha
- Caneta com tinta preta

ITENS NECESSÁRIOS:

- 3 folhas de louro secas e inteiras
- 3 ramos de tomilho
- 1 cristal de turmalina negra
- 1 cristal de aventurina verde

FEITIÇO

✦ Com a caneta de tinta preta, em cada uma das três folhas de louro, escreva o nome da pessoa que está se recuperando de uma cirurgia. Coloque as folhas na bolsinha. Adicione o tomilho e os cristais.

✦ Segure as mãos sobre o conteúdo do sachê e entoe:

"Três folhas de louro, três folhas de tomilho,
Trabalhem sua força de cura para mim.
Pela pedra de verde e pela pedra de preto,
Dispersem a dor e mandem-na embora."

✦ Costure o sachê com agulha e linha, derramando amor e amarrando cura em cada ponto enquanto costura. Dê o sachê ao seu paciente para que receba energia de cura ou a mantenha perto de uma foto da pessoa em recuperação.

PENTAGRAMA DE CRAVOS

OBJETIVO DO FEITIÇO: crie este pentagrama de cravos em sal para enfrentar tempos difíceis para seu ente querido e dispersar energias negativas.

MOMENTO SUGERIDO:
Lua nova

ITENS NECESSÁRIOS:

- Prato ou tigela rasa
- 1 xícara de sal

INGREDIENTES MÁGICOS:

- 1 xícara de cravo inteiro
- 1 cristal de aventurina verde

FEITIÇO

✦ Espalhe o sal uniformemente sobre o prato ou a tigela rasa. Sinta-se à vontade para adicionar mais, se necessário, para o tamanho de prato que você está usando. É necessária uma base generosa de sal, não apenas uma camada fina.

✦ Crie um pentagrama usando os cravos inteiros em cima do sal. Coloque cada cravo, um por um, ponta a ponta, para criar o contorno do pentagrama. Observe como o processo pode ser tedioso, demorado e frustrante. Despeje essas emoções em sua criação, afastando-as de seus entes queridos que também as estão experimentando.

✦ Sele a criação colocando a aventurina verde, que atrai abundância, no centro do pentagrama. Deixe esse pentagrama em seu altar até a lua cheia, quando o feitiço para ajudar seus entes queridos em tempos difíceis estará completo.

UNIÃO DE AMOR DE ALECRIM

OBJETIVO DO FEITIÇO: este ritual é realizado para ajudar casais em relacionamentos sérios que estejam passando por momentos difíceis e curar seu amor um pelo outro.

MOMENTO SUGERIDO:
Comece 7 dias antes da noite de lua cheia.

ITENS NECESSÁRIOS:

- Uma fotografia do casal, dobrada ao meio para que seus rostos se toquem
- Linha ou barbante

INGREDIENTES MÁGICOS:

- 7 ramos de alecrim
- 7 gotas de óleo de cedro para trazer de volta o amor ou 7 gotas de óleo de ylang-ylang para trazer de volta a paixão

FEITIÇO

✦ Amarre a linha em volta da foto, deixando um pouco de sobra. Deixe a imagem dobrada em seu altar.

✦ Todas as noites, unte um raminho de alecrim com uma gota de óleo. Deslize o raminho de alecrim ungido sob a linha, mas em cima da fotografia dobrada.

✦ Entoe:

"Alecrim do amor fortalecido, alecrim da fidelidade,
Alecrim da verdadeira conexão, alecrim da longevidade.
Ungido com óleo para trazer de volta o amor para este casal,
Cure sua fase difícil e traga amor forte e suave."

✦ Repita o feitiço todas as noites até a lua cheia, quando a fotografia terá sete raminhos de alecrim curador do amor amarrados em cima dela. Na noite de lua cheia, queime a foto. Espalhe as cinzas da foto e o alecrim do lado de fora sob a luz da lua cheia para selar o feitiço e reconciliar o amor e a paixão do casal.

ÁGUAS CALMANTES

OBJETIVO DO FEITIÇO: use este feitiço de tigela de água para aliviar a ansiedade de seus entes queridos e enviar suas mentes para águas calmas.

MOMENTO SUGERIDO:
Lua minguante

ITENS NECESSÁRIOS:

- Tigela resistente ao calor
- Água fervente
- Athame

INGREDIENTES MÁGICOS:

- 1 colher de chá de pimenta-da-jamaica
- 1 colher de chá de cravo moído
- ½ xícara de anis estrelado

FEITIÇO

✦ Adicione todos os temperos à tigela resistente ao calor. Carregue-os desenhando uma espiral com seu athame, começando no centro e circulando para fora para enviar a magia para seus entes queridos.

✦ Despeje a água fervente sobre os temperos e encha a tigela.

✦ À medida que o vapor sobe, entoe três vezes:

"Suba vapor de calma, suba onda de paz
Vibrações de cura e tranquilidade são liberadas."

✦ Deixe a água esfriar enquanto a energia do feitiço é enviada para seus entes queridos. Descarte a água do lado de fora para devolver qualquer energia de cura restante à terra.

CEIA SILENCIOSA PARA OS ENLUTADOS

OBJETIVO DO FEITIÇO: este ritual oferece espaço para sentarmos com nosso sofrimento após a morte de um ente querido, a fim de curar nossos corações feridos e ajudar a aliviar o peso da dor.

MOMENTO SUGERIDO:
Uma Ceia Silenciosa é tradicionalmente realizada no Samhain para homenagear nossos falecidos, mas também pode ser realizada na primeira lua cheia após o falecimento de um ente querido.

ITENS NECESSÁRIOS:

- Refeição favorita do falecido
- Um lugar a mais e vazio em sua mesa de jantar para o falecido
- Tigela para o centro de mesa de ervas e cristal
- 2 velas
- Isqueiro

INGREDIENTES MÁGICOS:

- Talos de salsinha, frescos ou secos
- 3 cabeças de alho sem casca
- Cristais de quartzo fumê
- Cristais de turmalina negra
- Cristais de quartzo transparente

FEITIÇO

✦ Coloque a salsinha no centro da tigela. Arrume as três cabeças de alho e os cristais ao redor e por cima dela.

✦ Coloque uma vela em cada lado desta peça central, uma para representar este mundo e outra para representar o além.

✦ Acenda as velas e entoe:
"Neste mundo e no além, jantamos esta noite em união silenciosa."

✦ Continue em completo silêncio. O silêncio que vocês mantêm juntos é uma reverência ao lugar vazio. Use esse tempo de silêncio para pensar, em particular, nas boas lembranças do falecido. Você pode chorar ou rir um pouco. Deixe sua dor ser seu guia.

✦ Em silêncio, sirva a refeição que preparou para si (e para outras pessoas, se tiver convidados) e também para o espaço vazio. Comam juntos em silêncio. Quando terminarem, apague as velas. Limpe tudo em silêncio, deixando apenas a "ceia silenciosa" do falecido, o centro de mesa mágico e as velas apagadas. Cubra a ceia com filme plástico, se desejar.

✦ Deixe o jantar ali durante a noite. Pela manhã, descarte a ceia e com ela o peso do seu luto. Saiba que seu amor alcançou o outro mundo e alimentou seu ente querido que partiu. Ele, por sua vez, nutre você de volta. Sempre.

CORAÇÃO DA TERRA

OBJETIVO DO FEITIÇO: este feitiço ajuda a garantir uma vida longa limpando e curando o corpo de qualquer energia que diminua a longevidade.

MOMENTO SUGERIDO:
Lua cheia

ITENS NECESSÁRIOS:
- 1 maçã inteira
- Athame
- Linha

INGREDIENTES MÁGICOS:
- 3 ramos de salsinha
- ¼ colher de chá de canela

FEITIÇO

✦ Grave levemente as iniciais da pessoa a quem este feitiço se destina na face da maçã.

✦ Entoe:

"Pelo fruto do outono, eu proclamo
A vida mais longa para quem eu nomeei
Canela traz boa sorte no bem-estar
Salsinha afasta a energia e os sentimentos negativos."

✦ Com seu athame, corte a maçã ao meio, no sentido da largura, para revelar a estrela mágica de cinco pontas.

✦ Polvilhe canela em metade da polpa da maçã.

✦ Amarre, com a linha, os três raminhos de salsinha na outra metade da maçã.

✦ Coma a metade da maçã com canela. Você também pode oferecê-la à pessoa para quem está realizando o feitiço, se ela quiser participar. O consumo da magia por nossos sistemas corporais é uma cura poderosa.

✦ Enterre a outra metade da maçã com salsinha fora de casa. Isso devolverá para a terra todas as energias ruins que a pessoa pode estar carregando com o fim de purificar e rejuvenescer.

RELÓGIO SOLAR DE ENERGIA DE CRISTAL

OBJETIVO DO FEITIÇO: este ritual irá combater e curar os efeitos letárgicos da rotina diária em seus amigos e familiares. Ao aproveitar o poder do sol por meio deste arranjo de cristal, você manterá vibrações animadas, dinâmicas e apaixonadas inspirando seu ente querido o dia todo.

MOMENTO SUGERIDO:
Quando necessário

ITENS NECESSÁRIOS:
- Local externo e seguro sob o sol brilhante
- Tábua de corte ou prato

INGREDIENTES MÁGICOS:
- 4 cristais de quartzo transparentes
- 4 cristais de citrino
- 4 cristais de cornalina
- 4 gotas de óleo de eucalipto

FEITIÇO

✦ Coloque quatro gotas de óleo de eucalipto no centro da sua tábua ou prato. Ao derramar cada gota, diga o nome da pessoa que você está ajudando com este feitiço.

✦ Em seguida, coloque os cristais em um círculo ao redor das gotas de eucalipto, em forma de relógio.

Coloque o quartzo transparente nos pontos 12, 3, 6 e 9.
Coloque o citrino nos pontos 1, 4, 7 e 10.
Coloque a cornalina nos pontos 2, 5, 8 e 11.

✦ Deixe o arranjo do lado de fora até o pôr do sol para atrair a energia do sol e dispersá-la para energizar seu ente querido.

ESPELHO, ESPELHO, SAÚDE MENTAL

OBJETIVO DO FEITIÇO: este feitiço dá um impulso curador de amor e luz para aqueles em sua vida que sofrem com problemas de saúde mental.

MOMENTO SUGERIDO:
após o pôr do sol, quando necessário

ITENS NECESSÁRIOS:
- Espelho pequeno, colocado deitado no seu altar
- Vela
- Tigela pequena
- Isqueiro
- Cotonete
- Tigela pequena de água

INGREDIENTES MÁGICOS:
- 4 ramos de camomila
- Cristais de quartzo rosa
- Altar de cristais de jaspe
- Cristais de quartzo transparente
- Mistura de óleos essenciais: 3 gotas de óleo de bergamota, 3 gotas de óleo de laranja

FEITIÇO

✦ Coloque sua vela no centro do espelho.

✦ Misture seus óleos em uma tigela pequena com um cotonete. Desenhe um coração na vela com seu cotonete oleado para carregá-lo com vibrações amorosas. Aplique mais óleo no cotonete para escrever as iniciais da pessoa que você está curando no espelho, logo abaixo da vela.

✦ Coloque os cristais e a camomila nas bordas do espelho para criar uma parede de energia curativa.

✦ Apague toda a luz artificial. Acenda a vela no centro do espelho. Permita que a chama cresça alta e forte sob seu olhar atento. À medida que a chama começa a derreter a vela, sinta a liberação da energia de amor e cura. Observe a dança da chama no espelho. Observe como essa energia de cura agora é ampliada pelo poder infinito do espelho.

✦ Direcione o brilho de cura para a saúde mental de seu alvo entoando:

"A magia da terra e do fogo se unem,
Para romper a noite solitária e escura.
Chama, pedra e erva se unem, a cura mental é induzida
Pelo poder do ar espelhado. Envio esta magia de cura até lá."

✦ Deixe a vela queimar o tempo que achar necessário para a transferência da energia de cura. Normalmente, de 20 minutos a uma hora de tempo queimando são suficientes. Use sua intuição para julgar o tempo necessário.

✦ Quando estiver pronta para terminar, entoe:

"Deixo este amor curador na mente de meu amigo,
Agora, com o poder da água, ponho fim à sua angústia."

✦ Para selar o feitiço, apague a vela diretamente na pequena tigela de água curativa.

FICANDO JUNTOS

OBJETIVO DO FEITIÇO: este feitiço cura a discórdia entre amigos e trabalha para recuperar amizades.

MOMENTO SUGERIDO:
Lua nova

ITENS NECESSÁRIOS:
- Um bastão de madeira de 30 centímetros colhido na região
- Um fio de barbante ou fita de 30 centímetros para representar cada pessoa na briga
- Athame
- Vela
- Isqueiro

INGREDIENTES MÁGICOS:
- Cristais de sodalita
- Cristais de fluorita
- Óleo de laranja doce (o quanto precisar)

FEITIÇO

✦ Use seu athame para esculpir as iniciais de todos os amigos envolvidos na briga no bastão de madeira.

✦ Adicione uma gota de óleo de laranja para selar cada nome na amizade.

✦ Amarre cada barbante no topo do bastão, deixando a maior parte pendurada ao longo dele. Você terá um nó de várias cordas no topo do bastão.

✦ Acenda sua vela. Deixe a luz de cura brilhar no bastão por alguns momentos enquanto a cera começa a derreter. Pegue sua vela e incline-a para que a cera pingue e derreta sobre os nós da corda no topo do bastão. Deixe a cera endurecer.

✦ Em seguida, trance e torça todos os fios em volta dos bastões, entrelaçando suas energias. Sele as pontas do barbante à ponta do bastão com mais cera. Apague a vela quando terminar.

✦ Coloque o bastão perto de uma janela, ao lado de alguns cristais de sodalita e fluorita. Permita que a lua nova abençoe novos começos de amizades curadas por seu bastão mágico.

A SI MESMO SEJA VERDADEIRO

OBJETIVO DO FEITIÇO: muitas vezes, nossos amigos e familiares têm dificuldade de serem aceitos por suas identidades autênticas. Execute este feitiço quando seu amigo ou parente precisar se curar da pressão de ser algo que não é e se sentir bem consigo mesmo como é.

MOMENTO SUGERIDO:
Lua nova

ITENS NECESSÁRIOS:
- Prato redondo
- Vela
- Isqueiro

INGREDIENTES MÁGICOS:
- 1 xícara de lavanda seca
- 7 ramos de tomilho fresco
- 1 cristal de quartzo transparente
- 1 cristal de ametista
- 1 cristal de sodalita
- 1 cristal de aventurina verde
- 1 cristal de citrino
- 1 cristal de cornalina
- 1 cristal de jaspe

FEITIÇO

✦ Coloque a vela no meio do prato. Espalhe a lavanda uniformemente no prato ao redor da vela.

✦ Enrole cada cristal em um raminho de tomilho para amplificar a força de suas propriedades. Faça um círculo ao redor da vela, em cima da camada de lavanda, com as sete pedras envolvidas em tomilho.

✦ Quando estiver pronta, acenda a vela e entoe:

"As sete partes de [NOME] completam-lhe.
Da mente e do corpo, ao espírito e à alma.
Quartzo, ordeno-te, potencialize a aceitação
Ametista, ordeno-te, potencialize o conhecimento
Sodalita, ordeno-te, potencialize a verdade
Aventurina, ordeno-te, potencialize o coração
Citrino, ordeno-te, potencialize a autoestima
Cornalina, ordeno-te, potencialize a paixão
Jaspe, ordeno-te, potencialize o senso de si
As sete partes de [NOME] completam-lhe.
Da mente e do corpo, ao espírito e à alma."

✦ Apague a vela para enviar a energia de amor-próprio e aceitação ao seu alvo.

AGARRE A OPORTUNIDADE

OBJETIVO DO FEITIÇO: seja uma grande entrevista de emprego, um teste importante, um primeiro encontro ou o início de uma nova amizade, use este feitiço para curar seus amigos e familiares da dúvida que os impede de abraçar, realmente, novas oportunidades.

MOMENTO SUGERIDO:
na noite anterior à grande oportunidade

ITENS NECESSÁRIOS:

- Pote de tamanho médio com o terço inferior cheio de sal
- Isqueiro
- Vela
- 1 colher de sopa de sal de Epsom
- Tigela pequena

INGREDIENTES MÁGICOS:

- Pedras ou lascas de cristal de citrino
- Mistura de óleos essenciais:
  5 gotas de óleo de manjericão,
  5 gotas de óleo de bergamota,
  5 gotas de óleo de laranja

FEITIÇO

✦ Misture bem os óleos e o sal de Epsom em uma tigela pequena. Espalhe, no pote, a mistura de sal de Epsom com óleo em cima do sal comum. Coloque a vela no centro do pote, aninhada no sal.

✦ Alinhe o citrino ao redor da borda interna do pote.

✦ Quando estiver pronta, acenda a vela e diga três vezes em voz alta o nome da pessoa que você está ajudando.

✦ Em seguida, entoe:

"Dentro do sal de óleo esta chama está acesa agora
Amplificada pela pedra de coragem e garra
Incendeie, apodere-se, arda brilhante, tenha ousadia
Fique firme, orgulhe-se, ocupe espaço, faça barulho.

Esta magia de auxílio
E esta energia de cura
Tudo isso envio para você
Tudo isso você será."

✦ Diga, mais uma vez, o nome da pessoa três vezes. Deixe a vela queimar até o nível do sal para selar o feitiço.

VÍCIO PRESO E CONGELADO

OBJETIVO DO FEITIÇO: o caminho para a recuperação do vício pode ser extremamente difícil. Ajude seus amigos e familiares a curar seus vícios nocivos com este feitiço para reprimir seus impulsos.

OMENTO SUGERIDO:
Lua cheia

ITENS NECESSÁRIOS:
- Tigela segura para ir ao freezer ou pote com tampa
- Pedaço pequeno de casca ou madeira
- Athame
- Tigela pequena
- Pincel de pintura pequeno ou pincel de maquiagem

INGREDIENTES MÁGICOS:
- ½ xícara de lavanda
- ½ xícara de tomilho
- Cristais de cornalina
- Mistura de óleos essenciais: 7 gotas de óleo de olíbano, 7 gotas de óleo de cedro, 3 gotas de óleo de hortelã-pimenta

FEITIÇO

✦ Use seu athame para gravar na madeira as iniciais da pessoa que tem um vício.

✦ Misture os óleos em uma tigela pequena usando um pincel pequeno ou de maquiagem. Use o pincel pequeno para cobrir a madeira com os óleos essenciais.

✦ Ao pintar, entoe:

"Vício, desapareça, impulso, seja livre,
Óleos, iluminem o caminho para a recuperação.

Conforme esta magia trabalha na madeira,
Assim o vício desaparecerá para sempre."

✦ Coloque a madeira oleada para carregar sob a luz da lua cheia, cercada por cornalina.

✦ De manhã, traga a madeira para dentro. Coloque-a na tigela ou pote próprio para ir ao freezer com a lavanda e o tomilho. Encha o pote com água e tampe. Coloque-o no freezer até a lua nova para selar o feitiço e prender o vício.

PASSADO DISPERSO, FUTURO SEM MALDIÇÃO

OBJETIVO DO FEITIÇO: ficar preso no passado nos impede de abraçar nosso verdadeiro destino. Cure as memórias de seus entes queridos para incentivá-los a seguir em frente em suas vidas com confiança.

MOMENTO SUGERIDO:
Lua minguante, lua nova

ITENS NECESSÁRIOS:

- Pedaço de papel
- Caneta de tinta preta
- Tigela resistente ao calor
- Toalha de mão
- Isqueiro longo

INGREDIENTES MÁGICOS:

- ¼ xícara de botões de lavanda
- 1 folha de louro
- 1 pitada de pimenta caiena

FEITIÇO

✦ Em um lado do pedaço de papel, escreva todas as coisas que você consegue pensar que estão impedindo essa pessoa de seguir em frente com sua vida. Do outro lado, escreva o nome ou as iniciais da pessoa. Desenhe um pentagrama de proteção sobre o nome da pessoa.

✦ Encha a tigela com água fervente e botões de lavanda. Coloque o pedaço de papel nela e observe a tinta se dissolver. Deixe a água esfriar enquanto os botões absorvem toda a negatividade das palavras no papel.

✦ Retire o papel da água e deixe-o secar sobre uma toalha durante a noite. Descarte a água restante e os botões de lavanda do lado de fora ou no vaso sanitário para garantir que você se livrou das energias negativas transferidas.

✦ Na manhã seguinte, coloque o papel, agora seco, de volta em sua tigela vazia. Adicione a folha de louro e a pimenta caiena. Queime, com um isqueiro longo, todos os ingredientes juntos até virarem cinzas. Descarte as cinzas ao ar livre ou no vaso sanitário para livrar completamente seu ente querido daquilo que o está bloqueando.

O LIVRO DO AMOR

OBJETIVO DO FEITIÇO: este feitiço destina-se a infundir uma energia constante de amor e cura para aqueles que lhe são mais importantes. Ao escrever os nomes dessas pessoas em um local abençoado, você utiliza o poder duradouro da palavra escrita. Ao permitir que ervas frescas sequem nas páginas, você está infundindo magia herbal de amor e cura de um modo eterno.

MOMENTO SUGERIDO:
Lua cheia

ITENS NECESSÁRIOS:
- Caderno em branco ou o seu Livro das Sombras
- Caneta de tinta vermelha
- Cotonete

INGREDIENTES MÁGICOS:
- Ramo de alecrim fresco
- Óleo essencial de manjericão

FEITIÇO

✦ À luz da lua cheia, em tinta vermelha, escreva, em seu livro, o nome de cada pessoa que você considera digna de seu amor incondicional e cura.

✦ Adicione uma ou duas gotas de óleo de manjericão ao cotonete. Sele cada nome aplicando levemente este óleo de amor e cura.

✦ Enquanto você sela, entoe:

"O poder da palavra escrita sela meu amor por você
O poder do óleo de manjericão traz desejos de cura verdadeiros."

✦ Finalmente, pressione o raminho de alecrim fresco nesta página de amor para proteção. Feche bem o livro sobre o alecrim, adicionando mais livros por cima para prensar o alecrim junto com o óleo e os nomes dentro das páginas.

✦ Abra seu livro nesta página sempre que uma pessoa cujo nome está escrito nela estiver sofrendo e precisando de energia amorosa e curativa.

7

CURE GRUPOS

Como indivíduos bruxescos, fazemos parte de muitos grupos diferentes em nossas vidas. Talvez pertençamos a um coven, mas, além disso, a maioria de nós trabalha, desfruta de passatempos e demonstra seu amor com pequenas atitudes. As bruxas são membros de comunidades on-line e de redes sociais digitais. Somos membros de bairros e nações. Além disso, como curandeiras, reconhecemos nosso papel na proteção de grupos desprivilegiados, enfrentando grupos poderosos e liderando a luta pela justiça social para todos os grupos de pessoas. Não importa a identidade dos grupos dos quais fazemos parte, todos os grupos possuem grandes quantidades de energia que impactam a nós mesmas, outros membros do grupo e talvez o mundo em geral. Nos feitiços a seguir, você aprenderá como aproveitar a energia de grupos com o poder da bruxaria para fazer mudanças positivas e benéficas para eles e suas comunidades.

SIGILO PROTETOR DE GRUPO

OBJETIVO DO FEITIÇO: sigilos são símbolos poderosos, criados pela bruxa, para manter um fluxo constante de magia e intenção fluindo, mesmo quando nossa atenção está em outro lugar. Crie um sigilo baseado no nome do seu grupo para usar para protegê-lo e criar uma defesa de cura.

MOMENTO SUGERIDO:
Lua nova

ITENS NECESSÁRIOS:
- Papel
- Caneta de tinta preta

INGREDIENTES MÁGICOS:
- Ramo de salsinha
- 1 cristal de citrino
- 1 cristal de cornalina

FEITIÇO

✦ Escreva o nome do grupo em um pedaço de papel. Retire todas as vogais e escreva o nome, de novo, apenas com as consoantes. Observe como as consoantes fazem curvas e ângulos interessantes umas em relação às outras.

✦ Fique de pé com o papel em seu altar e um cristal em cada mão. Inspire e expire devagar, enquanto se concentra nas consoantes. Invoque a energia do citrino e da cornalina para subir por seus braços e infundir força e criatividade ao seu cérebro e coração. Sinta seus dedos e palmas se aquecerem com a energia.

✦ Ao começar a sentir a energia criativa fluindo com vigor, coloque os cristais sobre o papel. Agora, pegue sua caneta mais uma vez; é hora de usar o poder da criatividade para dar vida a um símbolo de proteção, ou sigilo. Não há maneira errada de fazê-lo, então não tenha dúvidas. Conte com a energia dos cristais para guiá-la.

✦ Reorganize as consoantes enquanto as reescreve, ligando-as para formar um símbolo. Talvez você as organize em um círculo para incentivar a proteção holística. Ou talvez você as desenhe em linha ou seta para incentivar a proteção direcionada. Deixe sua bruxa interior e as necessidades de seu grupo serem suas guias.

✦ Quando tiver criado um sigilo com o qual esteja satisfeita (não tenha medo de fazer alguns rascunhos!), pegue uma folha de papel nova e desenhe a versão final do sigilo nela. Sele o poder protetor do sigilo escovando o ramo de salsinha como um pincel sobre as linhas do símbolo recém-criado.

✦ Use este sigilo em documentos do grupo, materiais, paredes ou em seu próprio Livro das Sombras para oferecer proteção constante ao grupo e para curar a entrada de energia negativa.

POTE CHEIO DE HARMONIA

OBJETIVO DO FEITIÇO: esta poção de pote curará a discórdia geral no grupo e encorajará vibrações de harmonia.

MOMENTO SUGERIDO:
Lua crescente

ITENS NECESSÁRIOS:
- Pote de vidro com tampa

INGREDIENTES MÁGICOS:
- 1 xícara de camomila seca
- 1 colher de chá de noz-moscada
- 1 cristal de sodalita
- 1 cristal de quartzo transparente
- 6 gotas de óleo de melaleuca

FEITIÇO

✦ Arrume a camomila seca em círculo, forrando a borda interna do fundo do pote para formar um círculo completo, concentrando sua intenção em equilíbrio e harmonia calmantes.

✦ Polvilhe a noz-moscada no pote, concentrando-se em conexão e compreensão.

✦ Coloque três gotas de óleo de melaleuca dentro do pote, do lado direito; faça o mesmo no lado esquerdo, concentrando-se no equilíbrio e na limpeza de energia negativa.

✦ Finalize o feitiço colocando a sodalita e o quartzo transparente no centro do pote. Cubra-o para selar a união da energia dos elementos. Deixe o pote perto de uma janela para carregar magicamente durante a noite de lua cheia.

✦ Coloque o pote carregado magicamente em seu altar, mesa ou em uma área comum do grupo para emanar vibrações de harmonia curativa. Tire a tampa para um impulso extra. Atualize-o a cada mês, conforme necessário.

PODER DE TRÊS PARA ENERGIA

OBJETIVO DO FEITIÇO: este feitiço invoca a magia das velas para curar a baixa energia com uma revigorante transferência de energia. Use este feitiço para curar grupos que sofrem de fadiga mental e física.

MOMENTO SUGERIDO:
lua crescente, lua cheia

ITENS NECESSÁRIOS:

- 3 velas
- 1 prato
- Isqueiro

INGREDIENTES MÁGICOS:

- ½ xícara de alecrim seco
- ½ xícara de hortelã seca
- Óleo de eucalipto (conforme necessário)

FEITIÇO

✦ Unte cada vela com algumas gotas de óleo de eucalipto para um reforço de energia revigorante.

✦ Misture o alecrim e a hortelã e cubra o prato uniformemente. Role cada vela untada na mistura para vestir a vela com força e renovação.

✦ Posicione as velas no altar e entoe enquanto acende:

"Assim como uma vela brilha tão radiante,
Que o rejuvenescimento flua e inflame.
Como duas velas brilham juntas com tanta força,
Que a energia se eleve e a baixa vibração desapareça.
Como três velas brilham em harmonia,
Que a força permaneça, assim seja."

✦ Deixe as velas queimarem por pelo menos 3 minutos, enquanto você medita sobre a energia crescente. Quando estiver pronta, apague-as soprando. Guarde as velas na vertical em um local fresco e seco e acenda-as sempre que seu grupo precisar de um influxo de energia. Renove o óleo e as ervas conforme necessário.

LIDERE COM ENCANTO DE AMOR

OBJETIVO DO FEITIÇO: este feitiço ajudará o grupo a buscar a força do amor ao interagir uns com os outros. Este feitiço ajudará a curar as fraquezas do ego que causam conflito entre os membros do grupo.

MOMENTO SUGERIDO:
Lua cheia

ITENS NECESSÁRIOS:
- Linha ou fita para pendurar
- 2 pedaços de fita de 30 centímetros

INGREDIENTES MÁGICOS:
- 7 ramos de alecrim fresco
- 1 cristal pequeno de quartzo transparente

FEITIÇO

✦ Disponha os ramos de alecrim em seu altar.

✦ Junte-os em um feixe, um de cada vez, entoando:

"Ramo um desfazendo conflitos
Ramo dois faz com que se acabe
Ramo três acalma mares agitados
Ramo quatro faz o amor se elevar
Ramo cinco e a cura chega
Ramo seis todos os conflitos resolve
Ramo sete o passado é perdoado."

✦ Amarre os ramos juntos com as fitas bem enroladas na base do feixe para selar o feitiço.

✦ Aninhe o pequeno cristal de quartzo transparente entre a fita e o alecrim para amplificar o poder do encanto.

✦ Pendure em um local de destaque, como acima de uma porta ou em uma janela, como um lembrete do poder do amuleto.

DOIS LADOS SE TORNAM UM

OBJETIVO DO FEITIÇO: este feitiço serve para reunir pontos de vista opostos e curar a indiferença e a tensão que dois lados têm um pelo outro.

MOMENTO SUGERIDO:
Lua nova, lua crescente

ITENS NECESSÁRIOS:

- 2 tigelas pequenas cheias de sal
- Vela
- Isqueiro
- Tigela de tamanho médio
- Pote com tampa

INGREDIENTES MÁGICOS:

- 1 folha de louro
- 1 colher de sopa de cúrcuma moída
- 1 colher de sopa de pimenta caiena moída

FEITIÇO

✦ Coloque as duas tigelas de sal de cada lado da vela. Cada tigela representa um lado no conflito.

✦ Adicione a cúrcuma moída sobre o sal na tigela da direita e a pimenta caiena sobre o sal na tigela da esquerda. Observe como as duas especiarias parecem semelhantes, embora sejam muito diferentes.

✦ Coloque o dedo no centro da cúrcuma com sal e trace uma espiral para fora no sentido horário. Faça o mesmo com a mistura de sal e pimenta caiena, mas desta vez gire o dedo no sentido anti-horário.

✦ Acenda a vela e entoe:

"Agora, dois lados, diferentes na forma, mas ainda tão parecidos,
Se unirão pela chama desta luz."

✦ Combine as duas tigelas pequenas na tigela de tamanho médio. Com o dedo, trace um pentagrama na mistura para unir os dois lados.

✦ Acenda a folha de louro na chama da vela e deixe-a queimar acima da tigela para selar sua intenção de cura. Quando a folha de louro acesa atingir seus dedos, solte o que sobrou na mistura de sal. Use o isqueiro para terminar de queimar qualquer folha de louro restante.

✦ Coloque a mistura em um pote e feche-o bem com uma tampa. Armazene-a em um local harmonioso, como entre as plantas da casa, perto de uma lareira quente ou em uma janela agradável, até a lua cheia.

✦ Na manhã após a lua cheia, descarte o conteúdo do pote em uma lixeira externa para completar a cura mágica da discórdia entre dois lados opostos.

DISPERSAR E DERROTAR A INJUSTIÇA

OBJETIVO DO FEITIÇO: este feitiço protege aqueles que enfrentam injustiças e ajuda a curar os grupos afetados.

MOMENTO SUGERIDO:
Lua cheia

ITENS NECESSÁRIOS:

- Caldeirão
- Água fervente
- Pedaço de papel
- Caneta de tinta preta

INGREDIENTES MÁGICOS:

- 2 colheres de sopa de sálvia moída
- 1 cristal de turmalina negra
- 1 cristal de quartzo transparente

FEITIÇO

✦ Escreva, na folha de papel, as injustiças que o grupo enfrenta.

✦ Coloque a lista no caldeirão vazio e sobre ela a turmalina fortalecedora e absorvente da dor e o quartzo transparente amplificador. Polvilhe a sálvia sobre o papel com intenção purificadora.

✦ Quando estiver pronta, despeje a água fervente no caldeirão, sobre o papel. Observe a tinta se dispersar conforme a água curativa a atinge. Sinta os cristais absorvendo a energia negativa liberada do papel. Sinta o aroma da sálvia, purificador, calmante e curativo. À medida que a água penetra, o mesmo acontece com a energia de cura. À medida que a água esfria, o mesmo acontece com o poder da injustiça.

✦ Quando a água estiver totalmente fria, retire seus cristais do caldeirão para purificá-los. Descarte o conteúdo restante do caldeirão no vaso sanitário para enviar a injustiça para longe do grupo, onde ela deve ficar.

CINCO SENTIDOS DA TOLERÂNCIA

OBJETIVO DO FEITIÇO: com frequência, grupos são formados por muitos tipos diferentes de pessoas, algumas com experiências de vida e origens completamente diferentes das nossas. Este ritual cura qualquer intolerância remanescente que possamos ter e sintoniza nossos corpos para a compaixão pela alteridade.

MOMENTO SUGERIDO:
Conforme necessário

ITENS NECESSÁRIOS:

- Tigela pequena
- Cotonete
- 15 ml de óleo de jojoba

INGREDIENTES MÁGICOS:

- 7 gotas de óleo de melaleuca ou óleo de lavanda, o aroma que você preferir

FEITIÇO

✦ Misture bem os óleos em uma tigela pequena com um cotonete. Reabasteça a quantidade de óleo, se necessário, durante este ritual.

✦ Entoe:

"Eu sou apenas uma pessoa, uma parte do todo
Tolerância e compaixão é o meu objetivo."

✦ Aplique o óleo entre os olhos e na testa com cuidado, e diga:

"Abra meus olhos para que eu veja valor na alteridade.
Com este óleo eu expulso a indiferença."

✦ Aplique o óleo em cada lóbulo da orelha com cuidado, e diga:

"Abra meus ouvidos para que eu ouça a verdade alheia.
Com este óleo apoiamos uns aos outros."

✦ Aplique o óleo na área do lábio superior, entre o nariz e a boca, com cuidado. Use-o com muita moderação se você for sensível a cheiros. Diga:

"Abra meu nariz para que eu fareje a intolerância.
Por este óleo dou boas-vindas à aberração."

✦ Aplique o óleo no queixo com cuidado, e diga:

"Abra minha boca para falar de compaixão à diferença.
Por este óleo minha bondade é vociferante."

✦ Aplique o óleo em cada pulso com cuidado e diga:

"Abra meu toque para ser carinhoso e gentil.
Por este óleo de tolerância me ligo."

✦ Permita que o aroma calmante quebre quaisquer barreiras energéticas e renove seu compromisso com a tolerância.

LAVAGEM DE MÃOS AJUDANTE

OBJETIVO DO FEITIÇO: este feitiço encoraja o grupo a ajudar e apoiar uns aos outros e cura atitudes de "lobo solitário" que podem prejudicar a produtividade e a criatividade.

MOMENTO SUGERIDO:
Quando necessário

ITENS NECESSÁRIOS:

- Tigela grande o suficiente que acomode confortavelmente as duas mãos
- Água morna

INGREDIENTES MÁGICOS:

- ½ xícara de folhas frescas de manjericão
- Cristais de aventurina verde
- Cristais de quartzo fumê
- Algumas gotas de óleo de laranja

FEITIÇO

✦ Coloque os cristais no centro da tigela.

✦ Despeje a água sobre os cristais e deixe-a carregar por um minuto. Adicione o manjericão e a laranja à tigela de água com a intenção de ter relacionamentos alegres e solidários.

✦ Mergulhe ambas as mãos na água. Faça movimentos de lavagem com elas para eliminar a energia inútil. Mexa a água com os dedos e diga-lhe como é calmante. Pegue a água com as mãos em concha e deixe-a cair, enquanto diz a ela como é acolhedora. Bata a nela um pouco. Brinque e seja amigável com ela. Esta água tem tudo a ver com conexão e positividade. Medite sobre os membros do seu grupo e pense de que maneiras vocês podem ser úteis uns aos outros.

✦ Aproveite a água até que esfrie. Retire as mãos e descarte a água. Continue seu trabalho com as mãos revigoradas e amigáveis e saiba que, por meio da magia de compaixão, a lavagem das mãos também está ajudando o seu grupo.

ABRINDO CAMINHO

OBJETIVO DO FEITIÇO: este feitiço fortalece líderes de grupos, curando a dúvida e aplacando o ego com um coração compreensivo. Use a magia das velas para ajudar a iluminar um caminho correto para a liderança do grupo.

MOMENTO SUGERIDO:
lua cheia

ITENS NECESSÁRIOS:

- 3 velas
- Isqueiro
- Caldeirão

INGREDIENTES MÁGICOS:

- Ramo de tomilho seco
- Ramo de lavanda seca
- Ramo de alecrim seco
- 1 cristal de aventurina verde
- 1 cristal de ametista
- 1 cristal de citrino

FEITIÇO

✦ Disponha as três velas em seu altar, lado a lado.

✦ Coloque a aventurina na frente de uma vela para representar o coração compassivo.

✦ Coloque a ametista na frente da segunda vela para representar a sabedoria duradoura.

✦ Coloque o citrino na frente da terceira vela para representar a ação consciente.

✦ Acenda as três velas e diga:

"Pelo poder de três e três mais uma vez,
Envio cura para a liderança. Agora começa."

✦ Queime o tomilho na primeira vela e diga:

"Folhas de tomilho, queimem, hoje, qualquer ego que esteja no caminho."

Solte o tomilho em chamas no caldeirão quando chegar aos seus dedos.

✦ Queime o ramo de lavanda na segunda vela e diga:

"Ramo de lavanda queimando brilhante, dê luz eterna à faísca da sabedoria."

Solte a lavanda ardente em seu caldeirão quando chegar aos seus dedos.

✦ Queime o ramo de alecrim na terceira vela e diga:

"Ramo de alecrim aceso com a chama, deixe a ação consciente guiar o dia."

Solte o alecrim em chamas no caldeirão quando chegar aos seus dedos.

✦ Assim que o conteúdo de ervas do caldeirão parar de queimar, apague as velas para selar o feitiço. Espalhe as cinzas do lado de fora, ligando a magia à terra para obter força.

FEITIÇO DE CRESCIMENTO DA LUA NOVA

OBJETIVO DO FEITIÇO: às vezes simplesmente não conseguimos progredir ou crescer em nosso trabalho. Este feitiço usa a magia da lua nova para eliminar as decepções do ciclo lunar anterior. Também cura qualquer amargura resultante para que grupos possam avançar com uma mentalidade de força e de crescimento.

MOMENTO SUGERIDO:
Lua nova

ITENS NECESSÁRIOS:

- 4 velas
- Isqueiro
- Athame

INGREDIENTES MÁGICOS:

- Cristais de ametista
- Cristais de fluorita

FEITIÇO

✦ Grave os símbolos dos elementos nas velas. Use um símbolo de elemento em cada vela.

✦ Coloque a vela da terra ao norte de seu altar, a vela do ar a leste, a vela do fogo ao sul e a vela da água a oeste.

✦ Coloque a ametista e a fluorita no centro da encruzilhada das quatro velas.

✦ Acenda as quatro velas e entoe:

"Pelo norte, leste, sul e oeste,
Eu ilumino esta noite escura e sem luar.
Pelo leste, sul, oeste e norte, uma nova energia será gerada.
Pelo sul, oeste, norte e leste, o último ciclo lunar agora é liberado.
Pelo oeste, norte, leste e sul,
O crescimento positivo é agora anunciado."

✦ Medite sobre toda energia velha sendo dispersada. Permita que uma nova energia orientada para o crescimento preencha o espaço deixado pelo fracasso e amargura banidos.

REMÉDIO PARA MUITO TRABALHO E POUCA DIVERSÃO

OBJETIVO DO FEITIÇO: frequentemente, grupos trabalham tanto para atingir objetivos que se esquecem de comemorar as conquistas. Use este feitiço para curar a labuta do dia a dia e encorajar uma explosão de criatividade e diversão.

MOMENTO SUGERIDO:
Lua cheia

ITENS NECESSÁRIOS:

- Sua lista de música para dançar favorita
- Difusor de óleo essencial
- Mistura para bolhas de sabão
- Velas

INGREDIENTES MÁGICOS:

- Cristais de cornalina
- Cristais de quartzo rosa
- Cristais de turmalina
- Mistura de óleos essenciais: 8 gotas de óleo de ylang-ylang, 6 gotas de óleo de bergamota, 4 gotas de óleo de laranja

FEITIÇO

✦ Coloque sua música para tocar e ligue seu difusor de óleo essencial com a mistura.

✦ Coloque velas e cristais em todo o espaço escolhido. Encha a noite com luz e beleza para animar o seu humor. Dance enquanto cria uma área bonita da qual desfrutar.

✦ Quando estiver preparada, traga as bolhas. Sopre uma bolha de sabão para cada membro do seu grupo. Ao observar as bolhas girando, diga os nomes das pessoas com alegria. Continue a dançar e aproveitar a energia do seu espaço pelo tempo que for necessário para sentir o marasmo ser afastado pela alegria e criatividade. Sua nova atitude contagiará seu grupo na próxima vez que você os vir.

ÁGUA MÁGICA PARA HORTA COMUNITÁRIA

OBJETIVO DO FEITIÇO: este feitiço cura qualquer interferência de energia no crescimento de uma horta comunitária saudável e promove a cooperação entre os membros.

MOMENTO SUGERIDO:
Lua crescente, lua cheia

ITENS NECESSÁRIOS:

- Pote grande com tampa
- Água doce de várias fontes

INGREDIENTES MÁGICOS:

- ½ xícara de alecrim
- ½ xícara de manjericão
- Cristais de aventurina
- Cristais de quartzo rosa

FEITIÇO

✦ Durante o período da lua crescente, tenha como missão coletar água de três fontes diferentes em sua comunidade. Talvez você use a mangueira ou a pia de um vizinho amigo. Talvez haja um lago em sua área ou você encontre um riacho ou rio nas proximidades. Outra maneira de coletar água local é colocar uma tigela para coletar água da chuva em vários locais.

✦ Misture todos os tipos de água no pote grande à medida que os recolhe.

✦ Quando toda a água for coletada, adicione os cristais e as ervas.

✦ Coloque a água para carregar todas as noites durante a lua cheia. Agite o conteúdo para mantê-lo fluindo e ativado todos os dias. Depois que a lua cheia passar, leve a água para a horta comunitária e regue as plantas coletivas com ela para promover o crescimento, a cura e o serviço comunitário.

✦ Deixe os cristais no jardim perto de qualquer planta que precise de um impulso extra de cura.

FOLHAS DE ÁRVORES PARA A COMUNIDADE

OBJETIVO DO FEITIÇO: as comunidades de nossas vizinhanças são tão diversas quanto a população de árvores. Use o poder das árvores curativas para criar uma poção que una a comunidade local e disperse os sentimentos de isolamento e solidão.

MOMENTO SUGERIDO:
Lua minguante, lua nova

ITENS NECESSÁRIOS:
- Assadeira grande
- Pote de vidro com tampa
- Folhas de árvores locais
- Almofariz e pilão

INGREDIENTES MÁGICOS:
- Cristais de quartzo transparente
- Cristais de quartzo rosa
- Cristais de jaspe

FEITIÇO

✦ Colete 1 a 2 xícaras de vários tipos de folhas, colhidas nos arredores da sua casa. Espalhe-as em uma bandeja grande para que não fiquem sobrepostas. Coloque quartzo transparente e cristais de quartzo rosa no topo ou entre as folhas para carregá-las com energia de cura comunitária e amorosa enquanto secam. Deixe-as secar em local ensolarado dentro de casa por uma semana ou mais.

✦ Depois que as folhas estiverem secas, use o pilão para esmagá-las todas juntas no almofariz até que sejam apenas pequenos flocos.

✦ Conforme você esmaga, entoe:

"Árvores de fartura, folhas de amor,

Mandem-nos bênçãos do alto.
Fortaleçam este bairro e comunidade
Conectem todos com energia de amor e de cura."

✦ Despeje as folhas moídas em seu pote. Cubra-as com cristais de jaspe para ancorar a poção na comunidade. Leve o pote com você em uma caminhada pela vizinhança para que a magia de cura possa emanar por toda parte.

A CADEIA MÁGICA DO SERVIÇO

OBJETIVO DO FEITIÇO: este feitiço criará coesão entre o grupo e a comunidade que serve, curando quaisquer bloqueios no trabalho conjunto para o bem comum.

MOMENTO SUGERIDO:
Lua cheia

ITENS NECESSÁRIOS:

- Tigela pequena
- Quatro pedaços de cartolina de 22 x 28 cm
- Tesoura
- Canetas de colorir
- Fita
- Cotonete
- 15ml de óleo de jojoba

INGREDIENTES MÁGICOS:

- 4 gotas de óleo de cedro

FEITIÇO

✦ Misture os óleos de cedro e de jojoba em uma tigela pequena usando um cotonete. Carregue a mistura desenhando um pentagrama nela com o cotonete.

✦ Corte cada pedaço de papel em quatro tiras no sentido do comprimento. As tiras devem medir cerca de 5x30 cm.

✦ Agora você tem 16 pedaços de papel. Quatro é um número de coesão estrutural, e usaremos o poder desse número ao quadrado para construir uma corrente mágica de 16 peças. Em cada tira de papel, escreva um projeto, campanha, faceta, programa ou ferramenta diferente da organização e como devem ajudar a comunidade.

✦ Ao terminar de escrever, mergulhe o cotonete na mistura de óleo. Passe o cotonete com óleo levemente sobre cada uma das 16 mensagens para selar a intenção.

✦ Crie uma corrente com as tiras de papel. Enquanto a constrói, entoe:

"Quatro por quatro, construímos alicerces
Quatro por quatro, adicionamos conexão
Quatro por quatro, ajudamos e apoiamos
Quatro por quatro, comunidade feita."

✦ Pendure a corrente em um lugar visível para irradiar energia de serviço comunitário de cura.

FEITIÇO DE GRUPO PARA CURA, CRESCIMENTO E TOTALIDADE

OBJETIVO DO FEITIÇO: este é um feitiço em grupo que você pode realizar com amigos, família, um coven ou uma organização para conectá-los em oração de cura.

MOMENTO SUGERIDO:
Lua cheia

ITENS NECESSÁRIOS:
- Difusor de óleo essencial
- 1 vela para cada participante
- Isqueiro
- Cartão de oração com o encantamento escrito para os que não conhecem a oração

INGREDIENTES MÁGICOS:
- Mistura de óleos essenciais:
  8 gotas de óleo de ylang-ylang,
  8 gotas de óleo de bergamota

FEITIÇO

✦ Ligue o difusor com a mistura de óleos.

✦ Forme um círculo com cada participante sentado de pernas cruzadas no chão. Dê a cada participante uma vela que eles possam colocar no chão, na frente de seus pés, apontando para dentro. Os participantes devem sentar-se juntos e colocar as mãos no joelho da pessoa à esquerda e à direita deles. O braço direito deve ficar por cima, o braço esquerdo deve ficar por baixo.

✦ O líder conduz um breve exercício de respiração para sincronizar a energia da sala e diz:

"Inspire a cura, segure, expire a dor.
Inspire o amor, segure, expire o ódio.
Inspire o positivo, segure, expire o negativo.
Inspire a autoconfiança, segure, expire a dúvida."

✦ O líder tira as mãos dos joelhos dos vizinhos e sinaliza que todos podem fazer o mesmo. Ele, então, pega sua vela e a acende. Vira-se para a pessoa à sua esquerda e acende a vela vizinha com a chama da própria vela. Essa pessoa, por sua vez, acende a vela da pessoa à sua esquerda com a própria vela recém-acesa. Continue acendendo vela por vela ao redor do círculo até que todas estejam acesas.

LÍDER*: "Pedimos energia de cura."*
GRUPO*: "Limpe-nos. Cure-nos. Restaura-nos."*
LÍDER*: "Pedimos força e crescimento."*
GRUPO*: "Firme-nos. Fortaleça-nos. Alimente-nos."*
LÍDER*: "Pedimos compaixão e um coração aberto."*
GRUPO*: "Ame-nos. Aterre-nos. Faça-nos crescer.*
TODOS: *Apagam as velas.*
LÍDER*: "Seguimos em frente para viver a energia que criamos aqui juntos."*
GRUPO*: "Assim seja."*

PARTE QUATRO

CURE SEU MUNDO

AS BRUXAS TIRAM ENERGIA DE SEUS ARREDORES E SÃO MUITO afetadas pelas energias nas quais mergulham. Temos casas nas quais buscamos abrigo. Temos um planeta que administramos. Cuidamos desses lugares como um ato de cuidado conosco e com os outros com quem convivemos. A natureza empática e simpática da bruxaria é mais bem servida por espaços que apoiam energias curativas claras, positivas, orientadas para o crescimento. Ao curar as energias em nossas casas, em espaços ao ar livre e no planeta como um todo, nossa base de poder se fortalece e se aprofunda exponencialmente por meio de nossas famílias, comunidades e humanidade. A seguir, apresento feitiços e rituais que mostram como curar sua casa e o planeta e obter energia de cura duradoura para o bem maior – isto é, um mundo cheio de curandeiros curados que mudam o curso da energia para curar nossa Mãe Terra para sempre.

8

CURE SUA CASA

A casa de uma bruxa é o nosso santuário e nossa base de poder. Extraímos energia dos ambientes que criamos para nós mesmas, e essa energia deve corresponder às nossas intenções de cura. Os feitiços e rituais que se seguem curam a sua casa de influências negativas e protegem-na de possíveis infiltrações negativas. O objetivo desses trabalhos mágicos é criar um ambiente pacífico e curador no qual você pode confiar para apoiar seus esforços de cura mágica.

LIMPADOR DE PORTA DE LAVANDA ACOLHEDOR

OBJETIVO DO FEITIÇO: este feitiço cura sua casa de qualquer vibração desagradável e promove uma aura de saudação feliz aos visitantes.

MOMENTO SUGERIDO:
Lua nova

ITENS NECESSÁRIOS:
- Tigela grande de água quente
- Toalha pequena

INGREDIENTES MÁGICOS:
- 5 ramos de lavanda fresca ou uma xícara de lavanda seca
- 3 gotas de óleo essencial de lavanda

FEITIÇO

✦ A porta de uma bruxa é tradicionalmente pintada de roxo. Concentre o poder de sua entrada bruxesca limpando-a com lavanda roxa, a erva do aconchego e das boas-vindas.

✦ Adicione todos os ingredientes à água quente.

✦ Permita que eles infundam magicamente a água enquanto você entoa:

"Lavanda roxa, calorosa e verdadeira.
Crie vibrações acolhedoras renovadas."

✦ Mergulhe sua toalha na água e limpe toda a porta da frente com a acolhedora água enfeitiçada. Saiba que você está afastando quaisquer vibrações hostis e curando sua porta como um portal para um santuário. Quando terminar, despeje a água e as ervas restantes na entrada da casa ou esconda as ervas sob o tapete de boas-vindas para uma sensação duradoura de energia acolhedora.

CAMPAINHA DE BRUXA

OBJETIVO DO FEITIÇO: crie um amuleto de bruxa com sinos para pendurar na maçaneta da sua casa. Os sinos tocarão cada vez que alguém entrar ou sair, e sua energia será purificada ao fazê-lo. Isso vai curar sua casa da energia negativa que entra e tirar a energia de seus visitantes quando eles saírem.

MOMENTO SUGERIDO:
Lua cheia

ITENS NECESSÁRIOS:

- 3 fitas decorativas
- 3 sinos

INGREDIENTES MÁGICOS:

- Óleo de laranja
- Óleo de olíbano
- Óleo de cedro

FEITIÇO

✦ Disponha as três fitas em seu altar. Uma representa amizade e boa vontade. A segunda representa limpeza e purificação. A terceira representa aterramento e calma. Amarre-as todas juntas por uma ponta, deixando a outra ponta livre. Aplique uma gota de cada óleo no nó.

✦ Em seguida, prenda um sino na ponta livre de cada fita. Pegue a fita da amizade e passe óleo de laranja doce no nó do sino. Pegue a fita de limpeza e aplique óleo de olíbano no nó do sino. Na última fita, de aterramento, aplique óleo de cedro no nó do sino.

✦ Enrole os topos das fitas ao redor da maçaneta interna da porta da frente de sua casa e dê um nó firme. Sua porta agora será consistentemente curada de energia negativa e promoverá amizade, bom ânimo e aterramento sólido para todos que entrarem em sua casa.

ÁGUA PURIFICADA DE MAGIA DE LAREIRA

OBJETIVO DO FEITIÇO: este feitiço usa a magia de lareira em um fogão para purificar o ar da sua casa e curar as energias negativas remanescentes. A poção resultante é filtrada de todos os materiais para dar a aparência de água normal de novo, mas, na verdade, é a sua água de limpeza secreta e protetora. Daí o nome, Água Purificada.

MOMENTO SUGERIDO:
Lua minguante, lua nova

ITENS NECESSÁRIOS:

- Fogão
- Panela média com tampa
- 3 xícaras de água
- Colher grande para mexer
- Escorredor de macarrão
- Pote grande ou garrafa de plástico vazia e bem enxaguada
- Pano ou trapo
- 1 pitada de sal
- 1 limão inteiro

* INGREDIENTES MÁGICOS:

- 1 xícara de folha de sálvia fresca
- 3 ramos de alecrim fresco
- 1 colher de gengibre ralado

FEITIÇO

✦ Corte o limão em oito lascas no sentido da largura para extrair energia das oito fases da lua.

✦ Despeje os três copos de água na panela. Adicione sálvia, alecrim, limão, gengibre e uma pitada de sal à água.

✦ Deixe os ingredientes ferverem juntos em fogo médio a alto. Mexa a poção com a colher, às vezes, conforme ela esquenta.

✦ Quando a água estiver borbulhando muito, diminua o fogo e cubra parcialmente a panela com a tampa.

✦ Deixe a panela ferver por algumas horas, voltando a aumentar um pouco o fogo se for necessário mais energia. Você também pode remover a tampa para ter uma poção com cheiro mais forte. O perfume purificará sua casa através da magia de ar do vapor.

✦ Quando terminar de ferver, deixe a mistura esfriar. Coe a mistura na garrafa vazia. Composte ou descarte as ervas e frutas. Armazene a Água purificada longe da luz solar.

✦ Use a água em um pano para limpar janelas, soleiras de portas ou objetos específicos que requerem purificação e proteção, como cristais. Você também pode usar esta água em si mesma, passando-a na testa diariamente para ter proteção ou adicionando-a a um banho de purificação. A água purificada limpa as energias negativas e aumenta o nível de proteção, ao mesmo tempo que parece uma garrafa inofensiva de água pura.

TRÊS NOITES PARA UMA CASA ORGANIZADA

OBJETIVO DO FEITIÇO: este feitiço ajudará a curar a casa da desordem que muitas vezes sinaliza o apego ao ego e bloqueia o trabalho de magia produtiva com sua energia opressora.

MOMENTO SUGERIDO:
Lua nova

ITENS NECESSÁRIOS:

- Duas caixas grandes
- Difusor de óleo essencial
- Marcador
- Vela
- Isqueiro

INGREDIENTES MÁGICOS:

- Cristais de citrino
- Cristais de turmalina negra
- Mistura de óleos essenciais:
  5 gotas de óleo de eucalipto,
  5 gotas de óleo de hortelã-pimenta,
  5 gotas de óleo de laranja

FEITIÇO

✦ O período da lua nova dura três noites. Para não se sobrecarregar, selecione três áreas da casa para organizar durante esse período. Talvez você escolha uma estante, seu guarda-roupas e toda sua cozinha. Concentre-se em espaços que farão uma diferença significativa em sua sensação de calma e foco no dia a dia.

✦ Comece na primeira noite de lua nova. Ligue o difusor de óleo essencial com a mistura na área em que estiver trabalhando. Acenda uma vela por perto, mas não no caminho onde você vai trabalhar. Envolva a vela com cristais de citrino e turmalina. Entre a energia da lua nova libertadora, a mistura de óleos e o minialtar de velas e cristais, você está bem armada com energia produtiva para deixar as coisas acontecerem.

✦ Traga duas caixas grandes. Em uma caixa, desenhe uma grande espiral no sentido anti-horário. Esta caixa será para coisas que você vai jogar fora, reciclar, compostar ou doar. Na outra caixa, desenhe uma espiral no sentido horário. Esta caixa será para coisas que você deseja manter e para as quais precisa encontrar um local onde guardar.

✦ Coloque uma música animadora e faça o melhor que pode por uma hora. Repita esse processo a cada noite de lua nova. Você irá se surpreender com o quanto pode fazer em três horas para revelar um espaço recém-renovado. Aproveite a liberdade e a energia que os espaços organizados trarão para você e seus trabalhos mágicos.

AMULETO DE PENTAGRAMA PROTETOR

OBJETIVO DO FEITIÇO: este feitiço usa os cinco lados do pentagrama para espalhar energia protetora em todas as áreas da sua casa e curar esses espaços de energias negativas quando necessário.

MOMENTO SUGERIDO:
Lua cheia

ITENS NECESSÁRIOS:

- 5 gravetos de igual comprimento e largura, coletados fora de casa
- Barbante ou fita
- Tesoura

INGREDIENTES MÁGICOS:

- 1 cristal de aventurina verde
- 1 cristal de jaspe
- 1 cristal de cornalina
- 1 cristal de sodalita
- 1 cristal de ametista
- Óleo de cedro (conforme necessário)
- Óleo de olíbano (conforme necessário)

FEITIÇO

✦ Na noite de lua cheia, unte cada um dos gravetos com uma pequena quantidade de óleo de cedro e olíbano.

✦ Ao lado do cristal de aventurina verde, coloque um graveto no jardim, na varanda, diante da porta, ou em outra área externa segura da sua casa.

✦ Coloque o segundo graveto no balcão principal da cozinha junto com o jaspe.

✦ Coloque, junto com a cornalina, o terceiro graveto na cornija da lareira ou na sala de estar.

✦ Coloque o quarto graveto no banheiro que você mais usa junto com a sodalita.

✦ Coloque o quinto graveto embaixo da cama junto com a ametista.

✦ Deixe todos os gravetos descansarem em seus locais durante a noite, absorvendo a energia da lua cheia, a energia do local que estão presidindo e a energia dos cristais e óleos.

✦ De manhã, amarre, com barbante ou fita, todos os gravetos formando um pentagrama. Isso selará todas as partes da energia da sua casa juntas. Pendure o recém-criado pentagrama de proteção e cura na porta da frente de sua casa.

TRANSFORMAÇÃO BRUXESCA DE ESPAÇO DE TRABALHO

OBJETIVO DO FEITIÇO: enfeite sua mesa ou espaço de trabalho com a magia de cura do tomilho, dos cristais e da aromaterapia para atrair força e concentração para o seu trabalho.

MOMENTO SUGERIDO:
Lua nova

ITENS NECESSÁRIOS:

- Difusor de óleo essencial
- Janela ensolarada

INGREDIENTES MÁGICOS:

- Planta de tomilho em vaso
- Cristais de citrino
- Cristais de aventurina verde
- Cristais de cornalina
- Mistura de óleos essenciais: 8 gotas de óleo de hortelã-pimenta, 8 gotas de óleo de olíbano

FEITIÇO

✦ Coloque o tomilho em um local ensolarado onde possa florescer e onde você possa trabalhar.

✦ Encha o difusor com a mistura de óleos essenciais e ligue-o em intervalos de 15 minutos enquanto trabalha.

✦ Espalhe, intercalados, em seu espaço de trabalho, citrino para força de vontade, aventurina para trabalho que flui do coração e cornalina para criatividade e paixão.

✦ Segure os cristais, ligue o difusor e aproveite a força do tomilho quando estiver com pouca energia, foco ou concentração.

FEITIÇARIA DE LAREIRA SALGADA

OBJETIVO DO FEITIÇO: esses amuletos de tigela de sal são a maneira perfeita de se prevenir contra energia negativa em potencial, colocando-os em sua lareira e ambientes da casa para absorver energia negativa à medida que ela surge. Eles auxiliam na cura, esperando nos bastidores.

MOMENTO SUGERIDO:
Crie a cada lua nova, descarte mensalmente e renove

ITENS NECESSÁRIOS:
- Várias tigelas ou copos pequenos, conforme o número de cômodos da sua casa
- Pelo menos meio quilo de sal

INGREDIENTES MÁGICOS:
- Cravos
- Cristais de quartzo transparente
- Cristais de turmalina negra
- Cristais de fluorita
- Óleo de melaleuca ou óleo de olíbano para cada tigela ou copo, qualquer que seja seu aroma de preferência

FEITIÇO

✦ Forre suas tigelas ou copos com sal, com pelo menos 2,5 centímetros de profundidade.

✦ Adicione um cristal que absorva energia, como quartzo transparente, turmalina ou fluorita, no centro.

✦ Adicione uma pequena quantidade de cravos em cima do sal.

✦ Adicione algumas gotas de óleo para selar a mistura.

✦ Coloque suas criações em áreas discretas, mas muito movimentadas de sua casa, em todos os cômodos, se possível, para curar preventivamente a entrada de energia negativa.

REFLEXOS DO CONFORTO

OBJETIVO DO FEITIÇO: este feitiço irá emanar vibrações de conforto em toda a sua casa nos dias em que você estiver se sentindo nervosa ou mal. Deixe os poderes curativos da luz e do aroma acalmarem e confortarem seu espaço para apaziguar o seu espírito.

MOMENTO SUGERIDO:
Quando necessário

ITENS NECESSÁRIOS:

- Tigela pequena
- Cotonete
- 15 ml de óleo de jojoba
- 1 espelho grande
- 5 velas
- Caldeirão forrado com sal
- Isqueiro
- 1 bandeja grande (uma tábua de corte grande, uma tábua de queijos ou uma assadeira servem bem)

INGREDIENTES MÁGICOS:

- 5 folhas de louro secas
- 5 gotas de óleo essencial de lavanda

FEITIÇO

✦ Misture o óleo de jojoba e o óleo de lavanda em uma tigela pequena com o cotonete. Use o cotonete com a mistura de óleo para desenhar um pentagrama grande na bandeja. Deixe cada linha do pentagrama representar uma área de desconforto que você deseja aliviar com este feitiço. Coloque a bandeja na frente de um grande espelho.

✦ Coloque suas velas na bandeja, em frente ao espelho. Cada vela deve cobrir uma ponta da estrela desenhada com óleo.

✦ Acenda suas velas e entoe:

"Por uma vela e depois duas,
Evoco este feitiço para refletir claro e verdadeiro.
Por vela três e depois quatro,
Encorajo o conforto do teto ao chão.
Esta última vela acesa de cinco,
Acalma meu espírito e limpa a vibração."

✦ Uma a uma, queime as folhas de louro nas chamas. Certifique-se de deixá-las cair no caldeirão quando chegarem perto de seus dedos ou use uma pinça para evitar a chama. Ao queimar cada folha de louro, fale em voz alta a área de desconforto em sua vida que você tem a intenção de liberar. Concentre sua intenção em deixar de lado a agitação. Respire fundo o aroma reconfortante das folhas de louro queimando.

✦ Depois de queimar todas elas, concentre-se nas velas brilhando no espelho. Permita que sua luz calmante a banhe e preencha os espaços que você acabou de liberar com energia curativa e reconfortante.

GUIRLANDA DE ALEGRIA

OBJETIVO DO FEITIÇO: este amuleto, popular na época do Yule por proporcionar alegria, é uma ótima maneira de trazer a energia da alegria e camaradagem para sua casa o ano todo. Ajude a curar a tristeza, a depressão e a preocupação criando uma guirlanda de felicidade para pendurar na janela da cozinha.

MOMENTO SUGERIDO:
Lua crescente, lua cheia

ITENS NECESSÁRIOS:

- 1 a 2 laranjas, dependendo do tamanho
- Pedaço de barbante, com cerca de 15 a 30 cm a mais do que a largura da janela da sua cozinha
- Fita adicional para pendurar alecrim e canela
- Palito de dente ou espeto
- Grade para resfriar biscoitos
- Tachinhas

INGREDIENTES MÁGICOS:

- ½ xícara de anis estrelado inteiro
- 3 ramos de alecrim
- 3 paus de canela

FEITIÇO

SEQUE AS FATIAS DE LARANJA

✦ Antes de montar a guirlanda, você deve, primeiro, secar as laranjas. O calor do forno garantirá as propriedades mágicas e cheias de alegria da fruta por muito mais tempo do que uma laranja fresca.

✦ Pré-aqueça o forno a 120 ºC.

✦ Corte sua laranja em pedaços de 1 a 0,5 centímetro de espessura. Faça um furo no centro de cada fatia de laranja com um palito ou espeto. Coloque as fatias na grade para resfriar biscoitos (não em uma assadeira) para evitar que grudem. Asse a 120 ºC por 2 a 3 horas, virando a cada 30 minutos mais ou menos para garantir uniformidade. Se tiver um forno de convecção, elas podem ficar prontas mais depressa; então, fique de olho nelas quando começarem a dourar. Retire-as do forno quando estiverem prontas e deixe-as esfriar por completo.

CRIE SUA GUIRLANDA

✦ Hora de ser criativa! Reúna seus materiais para criar a guirlanda. Sinta-se à vontade para adicionar seus próprios ingredientes, como pinhas ou cristais, se desejar.

✦ Amarre o barbante com materiais alternados, conforme preferir. Comece com uma fatia de laranja seca. Em seguida, adicione um ou alguns anis estrelados inteiros. Adicione todas as fatias de laranja e o anis estrelado, alternando à medida que avança. Pendure a guirlanda de uma extremidade à outra da janela da sua cozinha, prendendo-a com tachinhas na parede.

✦ Termine sua criação amarrando ramos de alecrim e paus de canela como pendentes no barbante da guirlanda.

✦ Aprecie os aromas incríveis e a energia alegre à medida que a tristeza é dissipada e as preocupações são curadas. Descarte depois de algumas semanas e crie de novo, se desejar.

SAL NEGRO PARA MÁS VIBRAÇÕES

OBJETIVO DO FEITIÇO: este feitiço cria sal negro, que é um sal ritual utilizado para curar energia negativa e proteger a casa de entidades negativas.

MOMENTO SUGERIDO:
Lua cheia

ITENS NECESSÁRIOS:
- ½ xícara de sal (de preferência sal branco marinho)
- Almofariz e pilão
- Pote

INGREDIENTES MÁGICOS:
- 1 colher de pimenta
- 2 colheres de sopa de cinzas dos seus trabalhos mágicos

FEITIÇO

✦ Você pode pegar as cinzas dos restos da sua lareira, de uma fogueira ou depois de queimar ervas rituais. Evite cinzas com pingos de cera de velas para manter a mistura pura.

✦ Junte os ingredientes no almofariz e triture-os com o pilão, por pelo menos 5 minutos, até que tudo esteja bem misturado.

✦ Conforme você tritura, entoe:

"Transforma agora, sal, ordeno-te
Por pimenta, por cinzas, tua propriedade
Torna-te escudo poderoso, firme e forte
Sua ordem agora é minha, sal negro nasça."

✦ Guarde o sal ritual no pote. Polvilhe um pouco de sal negro a cada lua cheia nas entradas de sua casa. Você também pode polvilhar um pouco no chão depois que uma briga feia ou doença ocorrer na casa, para que absorva a energia negativa. Basta aspirar após cerca de 30 minutos e descartar o conteúdo do aspirador em uma lixeira do lado de fora.

PENTAGRAMA DE JARDIM DE CURA

OBJETIVO DO FEITIÇO: utilize o poder de cura de cinco poderosas plantas, criando um pentagrama de energia elementar de cura em seu jardim.

MOMENTO SUGERIDO:
Plante na primavera, durante a lua nova, após o perigo de geada ter passado.

ITENS NECESSÁRIOS:

- Espátula de jardinagem
- Pedras de jardim (opcional)

INGREDIENTES MÁGICOS:

- Pé de tomilho
- Pé de alecrim
- Pé de manjericão
- Pé de sálvia
- Pé de orégano
- 5 cristais de aventurina verde

FEITIÇO

✦ Crie um oásis com um pentagrama mágico em seu jardim plantando estrategicamente essas cinco plantas. Recomendo usar plantas com pelo menos 15 a 20 centímetros de altura.

✦ Comece traçando um pentagrama em seu jardim desenhando as linhas com sua espátula de jardinagem. Cave buracos para as plantas no topo de cada ponta da estrela. Você quer que as plantas fiquem cerca de 60 a 90 centímetros de distância.

✦ Plante o tomilho na ponta superior da estrela para simbolizar seu espírito bruxesco que precisa de força e cura de vez em quando.

✦ Plante o alecrim na ponta da estrela na posição das três horas. O alecrim é conhecido como "o orvalho do mar" e invoca as vibrações curativas da água.

✦ Plante o manjericão, uma erva com correspondência de fogo, na posição das cinco horas, para invocar as propriedades curativas do fogo.

✦ Plante a sálvia, uma erva com correspondência de terra, na posição das sete horas, para invocar as propriedades curativas da terra.

✦ Plante o orégano, uma erva com correspondência de ar, na posição das nove horas, para invocar as propriedades curativas do ar.

✦ Abençoe e encoraje cada erva recém-plantada colocando pedras de aventurina verde em sua base.

✦ Adicione pedras de jardim para delinear os lados da estrela se desejar um efeito de pentagrama mais acentuado.

✦ Medite com frequência no meio de seu pentagrama de cura de energia vegetal para restaurar, renovar e curar.

SANTUÁRIO DE PAZ

OBJETIVO DO FEITIÇO: nem sempre é possível manter uma vibração totalmente pacífica e curativa em sua casa, em especial se moramos com outras pessoas. De crianças pequenas a adolescentes cheios de hormônios, a animais de estimação que fazem barulho e membros da família que podem estar tendo um dia ruim, seu eu bruxesco precisa de uma fonte de escape de cura. Use este ritual para criar um santuário que você pode visitar quando a energia de sua casa estiver caótica.

MOMENTO SUGERIDO:
Quando necessário

ITENS NECESSÁRIOS:

- Difusor de óleo essencial

INGREDIENTES MÁGICOS:

- 5 ramos de alecrim ou lavanda
- 1 cristal de quartzo rosa
- 1 cristal de fluorita
- 1 cristal de ametista
- Óleo essencial de lavanda

FEITIÇO

✦ Identifique um espaço pequeno e fora do caminho para o seu santuário. Talvez o seu quarto ou o seu banheiro faça sentido para você. Outros podem encontrar conforto em áreas perto de estantes ou em um pátio ao ar livre. Eu já usei um grande armário de roupas para esse fim. Encontre um local adequado para você.

✦ Adicione algumas gotas de óleo de lavanda ao seu difusor e ligue-o.

✦ Disponha os três cristais à sua frente no espaço que escolheu. Invoque a sabedoria da donzela, da mãe e da anciã para ajudar a acalmá-la, se assim o desejar. Peça ao quartzo rosa o otimismo da donzela, à fluorita, a cura absorvente da mãe e à ametista, a sabedoria da anciã.

✦ Respire profunda e lentamente enquanto medita em atrair calma e paz para si. Dê-se o presente de deixar de lado todas as preocupações atuais e vozes altas em sua cabeça. Apenas por enquanto.

✦ Use seus cinco ramos de ervas para fazer um pentagrama diante de você. Ao colocar cada ramo, sinta-se mais conectada à paz. Sinta a paz crescer ao completar o pentagrama. Admire sua criação com respirações mais profundas do óleo de lavanda. Quando estiver pronta, traga essa energia de volta ao trabalho e aos relacionamentos do seu dia.

FEITIÇO DA ESCADA DA BRUXA

OBJETIVO DO FEITIÇO: este feitiço ajuda a emanar energias positivas específicas de sua escolha por toda a sua casa. Muitas vezes nos sentimos oprimidos pela falta de rumo ou clareza em nossas vidas. Construir uma escada de bruxa para pendurar em sua casa ajuda a curar essa sensação de falta de direção e constrói a energia da vida que você deseja viver, absorver e praticar.

MOMENTO SUGERIDO:
Lua cheia

ITENS NECESSÁRIOS:
- 90 cm de fita ou barbante para as grades da escada
- Pequenos pedaços adicionais de fita ou barbante para pendurar os amuletos nos degraus

INGREDIENTES MÁGICOS:
- Ramo de alecrim
- Cristais de quartzo transparente
- Mais 10 pequenos elementos à sua escolha

FEITIÇO

✦ Este feitiço obtém seu poder da sua intenção para a sua própria vida e de sua magia de nós. Como tal, você começará o feitiço escolhendo 10 objetos que você tem em mãos que refletem o tipo de energia que você deseja atrair para sua casa e sua vida. Não há maneira errada de escolher os itens. Você apenas quer itens que lhe inspirem e motivem e sejam pequenos o suficiente para serem amarrados à fita de sua escada de bruxa. Alguns exemplos de objetos incluem:

- Conchas para aproveitar as profundezas da sabedoria feminina oceânica.

- Um ramo de hortelã, moeda ou nota para atrair dinheiro para sua vida.
- Uma pedra do seu jardim para encorajar a firmeza.
- Um cristal que ressoe com o que você busca, como o quartzo rosa para o amor ou o citrino para a confiança.
- Uma pena para inspirar sua voz e opiniões a serem faladas e ouvidas.
- Um sino para limpar a estagnação.
- Uma caneta, pincel, agulha de crochê e assim por diante, para estimular sua veia artística.
- Uma carta de baralho ou tarô, como a Rainha de Copas, que fala sobre o amor.
- Um colar ou pingente de um ente querido para curar problemas em seu relacionamento.

✦ As possibilidades são infinitas! O mais importante é que os objetos tenham significado para você.

CRIE SUA ESCADA

✦ Disponha o barbante horizontalmente em seu espaço de trabalho. Esta é a base da sua escada de bruxa, ou trilho.

✦ Comece amarrando o ramo de alecrim e o quartzo transparente (peças planas são melhores) no centro do trilho da sua escada de bruxa. Esta é a base de poder dela. Continue amarrando os 10 objetos restantes em cada lado da base, 5 de cada lado, pendurados no trilho. Espalhe-os como parecer intuitivamente certo para você.

✦ Depois de criada, pendure a escada de um lado a outro de uma janela ensolarada ou pendure-a de pé para um visual mais discreto. De qualquer forma, saiba que esses objetos estão trabalhando para curar obstáculos específicos que você enfrenta em sua vida e enviando energia positiva por toda a casa para ajudar-lhe a viver com confiança para seguir em frente.

COMIDA IMPREGNADA DE AMOR CURADOR

OBJETIVO DO FEITIÇO: como bruxas ocupadas, muitas vezes acabamos cozinhando com pressa, nem sempre tendo tempo para intencionalmente impregnar magia de amor e cura em nossa comida. Crie e pendure este pendente em sua cozinha para emanar constantes vibrações curativas em sua cozinha e sempre manter a hora das refeições impregnada de amor.

MOMENTO SUGERIDO:
Lua cheia

ITENS NECESSÁRIOS:

- Saquinho de musselina ou quadrado de pano
- Barbante ou fita

INGREDIENTES MÁGICOS:

- 3 folhas frescas de manjericão
- 3 ramos de hortelã
- 1 folha de louro
- 1 colher de sopa de pimenta-da-jamaica
- Cristais de quartzo rosa
- Óleo de cedro (conforme necessário)

FEITIÇO

✦ Adicione as ervas e especiarias ao seu saquinho. Cubra-o com quartzo rosa.

✦ Amarre seu saquinho com três nós. Ao fazer isso, entoe:

"Amuleto de energia cheia de amor, auxilie todos os alimentos que preparo.
Em tempos agitados e dias caóticos,
Faça refeições de amor hoje e sempre."

✦ Sele o amuleto borrifando algumas gotas de óleo sobre os nós. Carregue o amuleto sob a lua cheia. Pendure-o em sua cozinha perto do espaço de preparo para fornecer um fluxo constante de amor nutritivo e curador para a sua comida. Renove-o a cada lua cheia ou quando necessário.

ESPERANÇAS E SONHOS RENOVADOS

OBJETIVO DO FEITIÇO: este feitiço, que pode ser realizado em grupo, tem como objetivo libertar o pessimismo de sua família que pode atrapalhar o fluxo de energia da casa. Ao usar o fogo energizante e as folhas de louro que realizam desejos, suas esperanças e sonhos são renovados.

MOMENTO SUGERIDO:
Lua nova

ITENS NECESSÁRIOS:

- Caldeirão forrado com 2 dedos de sal
- Isqueiro longo

INGREDIENTES MÁGICOS:

- 1 folha de louro para cada grande esperança ou sonho que você e sua família têm

FEITIÇO

✦ Coloque a tigela de sal no centro da mesa de sua família. Reúnam-se ao redor da mesa de todos os lados.

✦ Faça com que cada membro espete sua folha de louro no sal para que ela fique em pé. Uma ponta deve estar ancorada no sal e a outra deve apontar para cima. À medida que cada membro coloca sua folha de louro, eles devem declarar sua intenção. Por exemplo, alguém pode dizer: "Espero ter boas notícias sobre minhas provas de vestibular", ou "Desejo alívio da minha ansiedade". O grupo, então, repete a intenção de volta para a pessoa em voz unânime de apoio. Por exemplo: "Fiona deseja ouvir boas notícias sobre as provas de vestibular".

✦ Uma vez colocadas todas as folhas com intenção, cada pessoa, por sua vez, deve usar o isqueiro longo para queimá-las. Certifique-se de segurar o isqueiro na folha até que ela esteja completamente queimada até o nível do sal.

Quando terminar, a casa deve estar bem enfumaçada, então se certifique de abrir uma janela, mas também se certifique de inalar o bem mágico. Essa fumaça sinalizará uma liberação curativa de seus problemas e restaurará um senso de esperança e fé em seus sonhos e objetivos.

9

CURE O PLANETA

Devido à reverência e conexão de uma bruxa com a natureza, é essencial focar a energia de cura em nossa Mãe Terra. Somos administradoras dos ecossistemas do mundo, protetoras dos animais e da vida vegetal e respondemos aos desastres naturais da Terra. Como Thomas Moore escreveu: "A Terra não é uma plataforma para a vida humana. É um ser vivo. Não estamos nela, mas fazemos parte dela. A saúde dela é nossa saúde". Os feitiços e rituais que se seguem abordam o trabalho de cura que somos chamadas a fazer em nome da Terra e, no final das contas, da nossa própria sustentabilidade como seres humanos.

RETORNO AO ABRAÇO DA MÃE TERRA

OBJETIVO DO FEITIÇO: faz muito tempo desde que você se conectou ao nosso planeta? Este ritual ao ar livre irá limpá-la de quaisquer bloqueios de energia e reunir sua energia à Mãe Terra novamente.

MOMENTO SUGERIDO:
Noite chuvosa

ITENS NECESSÁRIOS:
- Pote (um frasco de conserva vazio funcionará bem)
- Barbante

INGREDIENTES MÁGICOS:
- 1 ramo de tomilho
- 1 ramo de alecrim
- 1 ramo de salsa
- 1 cristal de quartzo transparente

FEITIÇO

✦ Coloque o pote vazio do lado de fora com o cristal de quartzo transparente no centro. Deixe-o do lado de fora durante uma noite chuvosa para coletar a água da chuva da Mãe Terra.

✦ No dia seguinte, quando a chuva tiver parado e o sol estiver brilhando, prepare-se para o ritual amarrando os três ramos de ervas em suas bases. Use três nós para prender o barbante. Recolha seu pote de água de chuva magicamente carregada.

✦ Dirija-se a um local ao ar livre com seu pote e seu feixe de ervas. Talvez você já tenha designado um espaço sagrado do lado de fora para si mesma. Talvez você possa encontrar um local que lhe inspire. Caminhe pelo local descalça. Sinta a terra lamacenta esmagada entre os dedos dos pés. Observe como a lama gruda em você, abraçando-a e acolhendo-a. Ancore-se e centralize-se na presença da Mãe Terra. Respire fundo o ar. Aprecie a paisagem. Sinta a gratidão.

✦ Agora, pegue seu feixe de ervas, mergulhe as pontas delas na água da chuva e entoe:

"Em gratidão e admiração pelas dádivas da Mãe Natureza,
Este feixe de ervas de bondade terrena para o céu levanto."

✦ Erga o feixe para o sol com o braço estendido. Sinta o calor do sol enviando raios amorosos para o feixe e para você. Sinta as gotas da água de chuva caindo do feixe e abençoando o seu rosto.

✦ Mergulhe seu feixe de novo na água de chuva. Agora abaixe seu feixe, aspirja em todas as quatro direções e diga:

"Norte, sul, leste e oeste
Sou uma criança da Terra
Norte, sul, leste e oeste
Sou uma amante da Terra
Norte, sul, leste e oeste
Sou uma protetora da Terra.
Como sou e assim será, de agora até a eternidade".

✦ Sele o ritual e sua intenção amorosa enterrando o pedaço de quartzo transparente no local sagrado. Despeje a água da chuva restante sobre ele para compactar a terra e nutrir a energia do cristal. Deixe o feixe de ervas amarrado a um galho ou arbusto como um presente para a Mãe Terra. Agora você está curada de qualquer desconexão com a Mãe Terra.

CURANDO A APATIA HUMANA

OBJETIVO DO FEITIÇO: este encantamento ritual utiliza o poder do fogo e da lâmina para inflamar um chamado à ação de todos os cidadãos da Terra. Este feitiço funciona para curar a apatia que muitos sentem acerca da saúde do nosso planeta e encoraja o manejo e a ação protetora da humanidade.

MOMENTO SUGERIDO:
Lua cheia

ITENS NECESSÁRIOS:
- 8 velas
- Isqueiro
- Athame

INGREDIENTES MÁGICOS:
- Cristais de citrino
- Cristais de aventurina verde
- Cristais de jaspe
- Cristais de quartzo transparente

FEITIÇO

✦ Arrume, de maneira alinhada, as oito velas em seu altar. Coloque os cristais entre cada vela para conectar as energias.

✦ Siga este encantamento de esperança:

"Eu acendo estas quatro velas
E convoco os cantos."

Acenda as quatro primeiras velas.

"Eu acendo as quatro seguintes
para os filhos e filhas da Terra."

Acenda as próximas quatro velas.

"Passo minha lâmina através de cada chama
Da esquerda para a direita, lenta e constante

E convoco todos os humanos
Ouçam agora! A postos!"

Passe seu athame através de todas as chamas para encorajar a ação.

✦ Agora erga a lâmina purificada acima da cabeça:

"Corra em auxílio de nossa Terra que precisa de cura!
Assim ergo meu poderoso athame para o teto.
O chamado à ação é ouvido por toda parte
Este planeta vai se curar com a ajuda de toda a humanidade."

✦ Sinta a energia fluir do seu coração, subir pelo seu braço, sair da lâmina e se espalhar sobre a humanidade. Posicione-se como uma fonte de força, trabalhando em nome da Mãe Terra para inspirar um manejo de cura por todo o mundo.

MAGIA PARA OS ANIMAIS

OBJETIVO DO FEITIÇO: este feitiço protege os animais e a vida selvagem de ameaças à sua saúde e crescimento ao canalizar a energia curativa e florescente do poder da chuva e da Mãe Terra.

MOMENTO SUGERIDO:
Pouco antes de chover

ITENS NECESSÁRIOS:

- Giz
- Pavimento ou um quadro-negro

INGREDIENTES MÁGICOS:

- Cristais de quartzo transparente
- Cristais de aventurina verde

FEITIÇO

✦ Identifique de três a cinco animais, especialmente qualquer um da lista de espécies ameaçadas, para os quais você gostaria de enviar energia de cura. Pesquise imagens deles para ter uma referência.

✦ Desenhe, na calçada ou no quadro-negro, a imagem desses animais. Não se preocupe com o talento artístico. O importante é desenhar os animais com amor e carinho. Sua intenção é atrair vibrações de cura.

✦ Em seus olhos desenhados, coloque os cristais de quartzo e aventurina para vincular as energias positivas terrenas às imagens dos animais e, portanto, aos próprios animais.

✦ Ao terminar, estenda as mãos sobre seus desenhos e entoe:

"Mãe abençoada, venha aqui com a chuva
Proteja esses animais, cure sua dor."

✦ Deixe os desenhos e os cristais do lado de fora para serem lavados pelo poder da chuva. Saiba que a Mãe Terra ouviu a sua oração, coletou a sua magia e concedeu proteção renovada aos animais.

✦ Recolha os cristais e coloque-os em uma tigela perto de uma janela ensolarada para manter a energia mágica fluindo para a vida selvagem. Repita o processo conforme achar necessário.

AMULETO ABRAÇADOR DE ÁRVORES

OBJETIVO DO FEITIÇO: este feitiço busca restaurar e fortalecer a saúde e a abundância da população mundial de árvores. Trabalhe com os elementos naturais das espécies locais para enviar uma cura profunda para todas as árvores da Terra.

MOMENTO SUGERIDO:
Lua crescente, lua cheia

ITENS NECESSÁRIOS:

- Graveto seco e firme, caído de uma árvore local, com pelo menos 30 centímetros de comprimento
- Folhas, nozes, cascas, frutas ou pinhas de várias árvores locais
- Athame
- Fita ou barbante

INGREDIENTES MÁGICOS:

- Cristais de jaspe
- Cristais de quartzo transparente
- Óleo de cedro (conforme necessário)
- Óleo de eucalipto (conforme necessário)

FEITIÇO

✦ Grave um pentagrama de um lado do graveto e o símbolo da Terra do outro lado do galho.

✦ Sele a magia desses símbolos ungindo o pentagrama com óleo de eucalipto e o símbolo da Terra com óleo de cedro.

✦ Amarre as pontas da fita em cada extremidade do graveto, deixando folga suficiente para pendurá-lo facilmente por um gancho ou prego na parede.

✦ Em seguida, adorne o galho com miudezas, amarrando os ingredientes de árvores coletados nos arredores e os cristais com fitas para que fiquem pendurados no graveto.

✦ Pendure seu graveto de modo que fique nivelado na parede. Você pode escolher um local dentro de casa ou, talvez, você prefira que ele fique pendurado em sua varanda ou pátio para que possa balançar com o vento. Seu amuleto é um trabalho de amor curador, que emana crescimento e sustentabilidade para a população mundial de árvores.

TESOURO DA TERRA RENOVADO

OBJETIVO DO FEITIÇO: use esta bênção ritual para infundir crescimento amoroso ao suprimento mundial de alimentos e ajudar a curar regiões afetadas pela insegurança alimentar.

MOMENTO SUGERIDO:
Lua nova

ITENS NECESSÁRIOS:
- Tigela de água morna
- Athame

INGREDIENTES MÁGICOS:
- Ramo de salsinha
- 1 colher de chá de alho em pó
- 1 colher de chá de gengibre em pó
- Cristais de aventurina verde
- Cristais de citrino

FEITIÇO

✦ Adicione as especiarias e os cristais à sua tigela de água morna. Para carregá-la, use seu athame para mexer a mistura três vezes em sentido horário.

✦ Fique de pé na frente das suas plantas de casa, horta ou planta externa favorita com seu ramo de salsinha e tigela de água mágica curativa. Mergulhe o ramo de salsinha na água e aspirja sua planta sete vezes.

✦ Enquanto você asperge, entoe:

"Chuva mágica de alho e gengibre,
Expulse a fragilidade, que a fraqueza não persista.
Pelo poder do meu ofício eu infundo esta poção,
Com crescimento amoroso e devoção.
Colheitas mundiais cresçam frutíferas e altas,
Para nutrir nossos irmãos com alimento para todos."

✦ Descarte qualquer mistura de água restante ao ar livre em um trecho de terra. Deixe seus cristais do lado de fora durante a noite ou no parapeito de uma janela para emanar a magia do feitiço para a terra.

ÁGUA LÍMPIDA E CLARA

OBJETIVO DO FEITIÇO: este feitiço de bruxa de cozinha serve como uma poção para ajudar a curar as impurezas da água para beber e promover água limpa e potável para todos.

MOMENTO SUGERIDO:
Lua cheia

ITENS NECESSÁRIOS:

- Panela com tampa
- Gaze
- Pote grande
- 1 limão fatiado

INGREDIENTES MÁGICOS:

- 3 ramos de hortelã fresca
- 1 xícara de folhas de sálvia fresca ou ¼ xícara da seca

FEITIÇO

✦ Encha sua panela com 3 xícaras de água. Aqueça em fogo alto e deixe ferver rapidamente.

✦ Coloque a hortelã na água fervente e diga:

"Hortelã, atue com sua magia protetora."

✦ Coloque as rodelas de limão na água fervente e diga:

"Limão, atue com sua magia de purificação."

✦ Jogue as folhas de sálvia na água fervente e diga:

"Sálvia, atue com sua magia de cura."

✦ Reduza para fogo brando. Deixe a mistura reduzir e evaporar por cerca de uma hora, enquanto as propriedades mágicas se combinam. Quando estiver pronta, retire a mistura do fogão, coe as ervas e o limão com um morim e deixe a água esfriar. Descarte ou composte as ervas e o limão.

✦ Despeje a água fria em um pote e deixe-a carregar sob a lua cheia. No dia seguinte, leve a água mágica para uma fonte local de água corrente ou use o ralo da pia, caso não seja possível. Despeje a água mágica na água corrente ou no ralo e saiba que o poder de purificação e cura agora está disperso na água doce de nosso planeta.

AR LIMPO E PURO

OBJETIVO DO FEITIÇO: este feitiço utiliza o poder da fumaça para limpar o ar e enviar energia de cura do ar para todo o mundo.

MOMENTO SUGERIDO:
Lua minguante, lua nova

ITENS NECESSÁRIOS:

- Isqueiro
- Cinzeiro
- Barbante
- Assadeira

INGREDIENTES MÁGICOS:

- Feixe de sálvia seca, orégano e alecrim
- 3 gotas de óleo de lavanda

FEITIÇO

✦ Crie o feixe amarrando os ramos de sálvia, orégano e alecrim frescos em forma de bastão com um barbante. Enrole bem o barbante ao redor das ervas, pois elas vão encolher no processo de secagem. Carregue seu feixe adicionando três gotas de lavanda na ponta e fazendo um pentagrama com o dedo.

✦ Aqueça o forno a 100 ºC. Coloque o feixe em uma assadeira e leve ao forno por 2 horas. Ajuste o tempo, se necessário. Depois de totalmente seco, retire o feixe do forno e deixe-o esfriar. Corte o barbante por completo, pois seu feixe agora deve estar compactado pelo processo de secagem. Manuseie o feixe com delicadeza, pois as ervas secas são quebradiças.

✦ Vá para o seu cômodo favorito da casa. Deve ser um lugar no qual você se sinta inspirada, confortável e segura. Certifique-se de que haja um pouco de espaço livre para você se mover. Abra todas as janelas e deixe o ar fresco entrar. Sinta esse ar encontrar a energia quente de sua casa e a intenção de cura que você firmou criando o feixe de ervas mágicas.

✦ Deixe alguma música para meditação tocando, se desejar. Centralize-se com uma meditação sobre a leveza da alegria e plenitude. Ateie fogo ao feixe. Caminhe lentamente em círculo, em sentido horário, ao redor do cômodo com o feixe aceso em uma das mãos. Segure um cinzeiro sob o feixe para pegar qualquer brasa caída. Mantenha o isqueiro por perto caso o feixe se apague e você precise reacendê-lo. Isso é comum, em especial se você se mover um pouco rápido demais. Apenas reacenda o feixe e reacenda sua intenção.

✦ Ao caminhar, desenhe oitos no ar com o seu feixe em chamas. Oito é o número das transformações. Observe como as ervas ardentes transformam o cômodo com uma qualidade dualista de leveza enfumaçada e um aroma terroso de aterramento. Mergulhe nesta energia poderosa e envie suas intenções de cura janelas afora com toda a sua força. À medida que o ar e os aromas flutuam por suas janelas, a qualidade do ar da Terra também se transforma e melhora. Queime o feixe até o fim. Assim que tiver acabado, feche as janelas para enviar a energia em seu caminho de cura.

PROTEGENDO A NATUREZA SELVAGEM

OBJETIVO DO FEITIÇO: a humanidade honra e protege a Mãe Terra, designando maravilhas naturais como parques nacionais e reservas de vida selvagem. Este ritual usa a energia do processo criativo, bruxaria de criação, para enviar vibrações de saúde e de completude para proteger nossas maravilhas e espaços naturais mais sagrados.

MOMENTO SUGERIDO:
Lua cheia

ITENS NECESSÁRIOS:

- Cartolina
- Fotos de revistas ou imagens impressas de maravilhas naturais que estão em sintonia com você
- Fita adesiva
- Marcador
- Cotonete

INGREDIENTES MÁGICOS:

- 4 folhas de hortelã fresca
- Óleo de ylang-ylang

FEITIÇO

✦ Comece desenhando o símbolo da Terra no centro da cartolina. Desenhe os símbolos dos quatro elementos, um em cada canto. Passe uma pequena quantidade de ylang-ylang em seu cotonete e sele a intenção protetora e curativa dos símbolos traçando-os com o óleo.

✦ Organize sua colagem de beleza natural. Inspire-se com as maravilhas que temos a sorte de contemplar. Sinta gratidão pela generosidade da Terra. Prenda as fotos no quadro com fita adesiva, dizendo o nome do local enquanto o faz.

✦ Coloque sua criação finalizada sob a luz da lua cheia. Sele-a colocando cada uma das quatro folhas de hortelã nos símbolos elementais. Na manhã seguinte, pendure a foto em algum lugar significativo para você em sua casa. Use as folhas de hortelã em seu chá matinal, chocolate quente, café ou água gelada para levar essa intenção de cura e proteção com você para o mundo.

SAL DOS SETE CONTINENTES

OBJETIVO DO FEITIÇO: este feitiço une os sete continentes, e todos os seus habitantes, em uma poção protetora e curativa de sal verde.

MOMENTO SUGERIDO:
Lua cheia

ITENS NECESSÁRIOS:
- Almofariz e pilão
- Tinta preta
- ½ xícara de sal

INGREDIENTES MÁGICOS:
- 7 folhas de louro seco

FEITIÇO

✦ Em cada folha de louro, escreva o nome de um dos continentes: África, América do Norte, América do Sul, Antártica, Ásia, Europa, Oceania.

✦ Esfarele as sete folhas de louro no pilão e acrescente o sal.

✦ Moa as folhas de louro e o sal juntos por 10 a 15 minutos. Isso é trabalho. Este é o trabalho de unir diferentes elementos. Este é um resultado amoroso e curador. A Terra nos dá todas as ferramentas mágicas de que precisamos para curar e fazer mudanças positivas, então vamos unir todos os territórios em uma união solidária.

✦ O sal verde estará pronto quando ficar fino e totalmente verde, uniformizado na energia de cura.

✦ Segure suas mãos cansadas sobre a mistura, com as palmas para baixo, e entoe:

"Pela labuta, pelo trabalho, em nome da união mundial,
Criado foi o sal verde para a modalidade de cura.
Brote da terra uma nova ordem de compaixão
Que nos unamos em uma missão, um mundo curado que moldaremos."

✦ Use seu sal verde em trabalhos mágicos para curar e proteger os recursos naturais e os habitantes da Terra com o poder dos sete continentes ao seu lado.

OCEANOS AZUIS

OBJETIVO DO FEITIÇO: este feitiço lança energia de cura por todo o mundo para todos os cinco oceanos e seus habitantes.

MOMENTO SUGERIDO:
Lua crescente, lua cheia

ITENS NECESSÁRIOS:

- 5 potes ou tigelas pequenas
- 1 aquário vazio, jarro de água, vaso de flores ou outro recipiente de vidro grande
- 2 xícaras de água
- Fita azul

INGREDIENTES MÁGICOS:

- 1 ramo de alecrim
- 1 cristal de fluorita
- 5 gotas de óleo de olíbano

FEITIÇO

✦ Distribua os 2 copos de água uniformemente entre as cinco tigelas ou potes pequenos.

✦ Coloque uma gota de óleo em cada tigela. Ao fazer isso, diga o nome de cada oceano – Pacífico, Atlântico, Índico, Antártico, Ártico, – para chamar a atenção deles.

✦ Coloque a fluorita no centro do grande recipiente de vidro vazio. Uma de cada vez, despeje cada tigela de água no recipiente grande, falando os nomes dos oceanos mais uma vez. Ao derramar cada uma, observe as águas se unirem enquanto a fluorita curativa toca todas elas. Entenda como todos os nossos oceanos estão conectados e todos dependem do poder do indivíduo para curar.

✦ Amarre a fita bem apertada no topo da borda do recipiente. Faça cinco nós para selar a fita, entoando novamente o nome de cada oceano enquanto faz isso.

✦ Para terminar, sele a intenção de cura da mistura desenhando um pentagrama na água cinco vezes com o ramo de alecrim. Coloque a tigela perto de uma janela ensolarada e mantenha-a fora até evaporar. A energia mágica que você criou voltou ao céu para chover sobre os oceanos da Terra com poder de cura.

CURAR A TERRA DAS INUNDAÇÕES

OBJETIVO DO FEITIÇO: este feitiço ajuda a conter a maré de inundações prejudiciais e curar a Terra afetada de volta ao equilíbrio.

MOMENTO SUGERIDO:
Lua cheia, lua minguante

ITENS NECESSÁRIOS:

- Tigela de solo seco
- Athame
- Tigela de água
- Esponja grande

INGREDIENTES MÁGICOS:

- ½ colher de chá de alho em pó
- ½ colher de chá de açafrão em pó
- 3 gotas de óleo de hortelã-pimenta
- 3 gotas de óleo de eucalipto

FEITIÇO

✦ Misture o alho e açafrão no solo com seu athame, mexendo-os em sentido horário sete vezes.

✦ Misture os óleos à água com seu athame mexendo em sentido horário sete vezes.

✦ Mergulhe sua esponja na água mágica. Ao fazer isso, medite em remover a água.

✦ Transfira-a para a tigela de solo mágico e esprema toda a água sobre o solo. Medite sobre a receptividade da terra à água. Repita esse processo sete vezes.

✦ Espalhe o solo sobre as plantas de sua casa e jardim ou guarde-o em um pote para espalhar energia receptiva e curativa a locais inundados.

CURAR A TERRA DE INCÊNDIOS FLORESTAIS

OBJETIVO DO FEITIÇO: este feitiço invoca o poder da água, da terra e da ação humana para acalmar incêndios florestais e curar a Terra devastada pelas chamas.

MOMENTO SUGERIDO:
Lua nova, lua crescente

ITENS NECESSÁRIOS:

- 3 velas
- Isqueiro
- Tigela pequena com água
- Tigela pequena com sal ou terra
- Pote vazio com tampa

INGREDIENTES MÁGICOS:

- ½ colher de chá de camomila
- Cristais de quartzo fumê

FEITIÇO

✦ Alinhe as três velas horizontalmente em seu altar.

✦ Coloque a tigela de água diante da primeira vela, a tigela de sal diante da vela do meio e o pote vazio com tampa diante da terceira vela.

✦ Concentre-se e invoque a energia de incêndios florestais acendendo as velas uma por uma.

✦ Apague a primeira vela mergulhando a chama na tigela de água, entoando:

"Que as águas curativas caiam e as águas curativas fluam,
Apaguem o fogo, penetrem na terra, nova flora semearão."

✦ Apague a segunda vela sufocando a chama no sal, encantando:

"Que a Terra resista à chama ardente,
Rejuvenesçam as planícies queimadas,
Curem as florestas, acalmem as selvas,
Brote renovação dos restos."

✦ Despeje o sal e a água no pote vazio. Adicione a camomila e o quartzo fumê ao frasco.

✦ Apague a terceira vela assoprando-a. Pegue a fumaça no pote de sal e água e feche rapidamente a tampa. Entoe:

"Assim como minha respiração apagou a chama dançante,
Que a ação humana lidere o caminho
Unimo-nos para trazer a cura para a nossa Mãe Terra,
Assim é, que seja feito como decretamos."

✦ Agite o conteúdo do frasco três vezes e coloque-o sob a lua cheia para carregar por completo. Pela manhã, descarte o conteúdo do frasco de volta na terra. Coloque o cristal em uma tigela com água fresca por algum tempo para limpar a energia que ele absorveu ao curar a terra dos incêndios florestais.

CURAR A TERRA DA SECA

OBJETIVO DO FEITIÇO: este feitiço ajuda a curar áreas da Terra afetadas pela seca.

MOMENTO SUGERIDO:
lua crescente

ITENS NECESSÁRIOS:
- Rocha em forma de esfera ou cristal de quartzo transparente
- Tigela pequena

INGREDIENTES MÁGICOS:
- ½ xícara de camomila seca
- 3 gotas de óleo de bergamota

FEITIÇO

✦ Inicie este feitiço durante o período da lua crescente.

✦ Coloque a camomila na tigela pequena. Com o dedo, desenhe o símbolo da água na erva para trazer suas propriedades de água para o primeiro plano.

✦ Selecione sua rocha esférica ou cristal de quartzo transparente para representar a Terra.

✦ Segure-a com delicadeza nas mãos, fechando-a em concha, e diga:

"Mãe Terra, você está sofrendo com sede
Concedo-lhe amor curador para suportar o pior.
Envie chuvas curativas para suas planícies áridas
Seu solo renovado, sua fauna cuidada."

✦ Coloque a pedra na tigela de camomila e cubra-a com a erva. Unte a mistura com três gotas de óleo de bergamota para selar a intenção de atrair água. Deixe a tigela perto de uma janela enluarada até a noite de lua cheia.

✦ Durante a lua cheia, tire a pedra de seu leito de camomila e leve-a para a água corrente. Atire a pedra e deixe a água levar a energia para regiões atingidas pela seca. Caso um oceano, lago, córrego ou rio não sejam facilmente acessíveis para você, jogar a pedra em um bueiro ou lavá-la no seu quintal com uma mangueira de jardim também funcionará. A intenção é deixar que o poder da água que você manifestou seja enviado em seu caminho de cura.

AMULETO PLANETA ABÓBORA

OBJETIVO DO FEITIÇO: crie este amuleto como um farol de luz curadora para o planeta Terra.

MOMENTO SUGERIDO:
Lua cheia, Samhain

ITENS NECESSÁRIOS:

- Athame ou faca de trinchar
- Abóbora
- Vela
- Isqueiro

INGREDIENTES MÁGICOS:

- Cristais de aventurina verde
- Óleo de cedro (conforme necessário)

FEITIÇO

✦ Abra a abóbora cortando um círculo ao redor do caule, puxando-o para removê-lo. Limpe o interior do topo e reserve-o. Retire toda a polpa da abóbora e adicione à sua composteira. Ao fazer isso, visualize que a abóbora é o planeta Terra; sua intenção é eliminar qualquer energia que esteja bloqueando a cura dela.

✦ Esculpa símbolos de cura em sua abóbora. Você pode esculpir o símbolo da Terra. Talvez você prefira um pentagrama, um coração ou um sigilo que você mesmo criou. Seja amorosamente criativa!

✦ Depois de terminar de esculpir seus símbolos de cura, unte sua vela com o óleo de cedro curativo e coloque-a no centro da abóbora. Cerque a vela com aventurina verde.

✦ Quando estiver pronta, acenda a vela, coloque a tampa de volta na abóbora e entoe:

"Fruto da terra, redondo e brilhante
Sirva meu apelo por sua mãe esta noite.
Esculpida e marcada com amor e cuidado
Sua luz envia cura por todo lado
De leste a oeste, de norte a sul,
Do topo da montanha à foz do rio.
Das profundezas dos cânions à vastidão dos oceanos,
Sua luz de cura agora habita."

✦ Sua lanterna de abóbora brilha uma luz forte e curativa por todo o mundo.

FEITIÇO EM GRUPO PARA CURAR A TERRA

OBJETIVO DO FEITIÇO: este feitiço usa a poderosa energia de um grupo dedicado a aumentar a energia de cura para a Mãe Terra.

MOMENTO SUGERIDO:
Lua cheia

ITENS NECESSÁRIOS:

- Maçã grande
- Tigela e colher pequena
- Descascador de maçã
- Athame
- 7 velas
- Isqueiro

INGREDIENTES MÁGICOS:

- 2 colheres de canela
- 1 cristal de aventurina verde
- 1 cristal de quartzo transparente

FEITIÇO

✦ Reúna todos os membros do grupo ao redor de uma mesa.

✦ Coloque a tigela no centro da mesa. Adicione a canela e coloque a maçã por cima. Coloque os cristais de cada lado da maçã. Coloque as sete velas ao redor da tigela.

✦ Depois que tudo estiver arrumado, o líder deve pedir por concentração silenciosa e centrada na maçã. O líder deve explicar que a maçã representa a Terra, a canela é para aterramento e sucesso do feitiço e os cristais são para a cura verde.

LÍDER:

"Sete velas estão conosco esta noite, sete velas devemos acender,
Nossa magia enviada para sete continentes,
Flora e fauna, todos os habitantes.
Nossa magia flui para os sete mares,
Habitats marinhos, chamamos por vós."

O líder acende as sete velas.

LÍDER:

"Energia de cura agora é invocada,
Essas chamas de cura que agora alimentamos
Queimem fortes e brilhantes, alcancem todo o planeta,
Em devoção de cura, nosso feitiço existe."

O líder pega a maçã da tigela.

LÍDER:

"Maçã redonda e saudável, você representa a Terra para nós.
Nós a seguramos com mãos cuidadosas,
Por favor, envie amor curador para todos os lugares."

O líder segura a maçã perto do coração e passa a maçã para o próximo participante.

✦ O próximo participante segura a maçã perto do coração e repete o encantamento:

"Maçã redonda e saudável, você representa a Terra para nós.
Nós a seguramos com mãos cuidadosas,
Por favor, envie amor curador para todos os lugares."

✦ Todos os participantes fazem o mesmo.

✦ Quando a maçã retorna para o líder, o líder a segura bem alto e diz:

"Pelo poder da vontade deste grupo, libertamos a Terra de todos os males."

✦ O líder descasca a maçã para eliminar a energia negativa.

✦ O líder corta a maçã em tantas fatias quantos forem os participantes e dá uma para cada pessoa.

✦ Os participantes podem adicionar, com a colher, um pouco de canela da tigela à maçã, se desejarem.

LÍDER:

"Agora juntos comemos a maçã poderosa e doce,
Apreciamos este presente da Terra, honramos o valor da Mãe Natureza.
Por todo o lado, da floresta ao mar,
Curamos nosso planeta, que assim seja."

TODOS:

"Que assim seja."

✦ Todos comem a maçã para selar o feitiço de cura terrena.

✦ Pelo poder da vontade do grupo, a cura mágica é dispersa por toda parte, criando uma mudança positiva e duradoura.

10

CONSIDERAÇÕES FINAIS

Bruxaria de cura é um processo lindo e amoroso, digno de devoção por toda a vida. Minha esperança é que você possa retornar a este texto sempre que surgirem desafios de cura. A bruxaria de cura também é profundamente pessoal e impactante. Utilize esses feitiços como base para tecer e professar seu estilo próprio e único de mudar o mundo. Quanto mais autêntico o trabalho da bruxa, mais poderoso o resultado. Assim, vamos assumir, com coragem, nosso poder de cura e, com orgulho, criar magia de cura. Vamos seguir em frente e viver a magia que criamos.

GLOSSÁRIO

A bruxaria vem com a sua própria maneira de descrever e nomear as coisas. Abaixo, estão alguns termos comuns à bruxaria que você encontrará neste livro e seus significados.

ALMOFARIZ E PILÃO: uma tigela (almofariz) e um instrumento de ponta arredondada (pilão) usados para moer plantas e ervas.

AMULETO: um objeto usado ou carregado por uma pessoa para atrair boa sorte ou uma energia específica.

ASPERGIR: borrifar líquido com intenção mágica.

ATERRAMENTO (TAMBÉM CHAMADO DE CENTRALIZAÇÃO): um processo calmante destinado a conectar nossas mentes com nossos corpos e a terra.

ATHAME: uma faca ritual.

BONEQUINHO: uma imagem ou uma boneca usada para representar outra pessoa em feitiços.

BRUXARIA CRIADORA: a prática de criar arte ou fabricar artigos como modalidade de feitiço.

CÁLICE: uma taça cerimonial, que representa o elemento água.

CARREGAMENTO: o processo de infundir um item, em especial cristais, com poder máximo após a criação ou o uso mágico.

CHAKRAS: um termo em sânscrito que se refere aos sete centros de energia do corpo humano.

CORRESPONDÊNCIAS: uma propriedade metafísica de determinado objeto que contém a mesma energia que a intenção dos trabalhos mágicos em questão.

ENCANTAMENTO: palavras predeterminadas proferidas durante um feitiço ou como um feitiço para ter força mágica.

GRIMÓRIO: um livro de conhecimento geral de bruxaria, muitas vezes transmitido por gerações.

INTENÇÃO: força de vontade focada na direção de um resultado definido.

INVOCAR OS QUARTOS: um ritual no início do trabalho mágico que invoca as quatro direções e elementos.

LANÇAR UM FEITIÇO: magia intencional; energia manipuladora ou canalizadora como um meio para um fim usando etapas e métodos específicos.

lIVRO DAS SOMBRAS: a coleção de trabalhos e conhecimentos mágicos particulares de uma bruxa.

MAGIA DE COMPAIXÃO: magia realizada em nome de outra pessoa ou entidade.

PENTAGRAMA: estrela de cinco pontas que representa os quatro elementos e o espírito, desenhada em proporção divina.

POÇÃO: uma mistura criada intencionalmente com ingredientes mágicos para trazer mudanças.

PRÁXIS: prática, distinta da teoria, que produz sabedoria além de conhecimento.

RODA DO ANO: oito sabbats (festivais) que compõem o calendário pagão.

RITUAL: um conjunto premeditado de etapas mágicas que honram ou convidam uma energia escolhida, destinada a alinhar, limpar e aprimorar, em vez de mudar ou transformar.

SACHÊ: um pequeno saco de ervas ou outras ferramentas mágicas usadas para extrair energia.

SIGILO: um símbolo desenhado para representar uma entidade ou uma ideia para uso mágico.

TALISMÃS: objetos, ou um grupo de objetos, que correspondem a atrair determinada energia. Amuletos atraem a energia de seu conteúdo.

TERCEIRO OLHO: um termo para a glândula pineal, localizada na testa, um lócus de intuição e percepção além do comum.

UNGIR: aplicar óleo ritual.

RECURSOS

MAPA NATAL: você pode acessar um gerador gratuito de mapa astrológico natal e sugestões de livros relacionados em https://witchwithme.com/

TESTE DE MYERS-BRIGGS: pode ser encontrado em Myersbriggs.org.

TESTE DO ENEAGRAMA: pode ser encontrado em EnneagramInstitute.com.

ÍNDICE

AGRADECIMENTOS

Serei eternamente grata pelas energias que se alinharam para tornar este livro real, e essas energias estão encarnadas em minha rede de apoio. O trabalho de manifestação é um esforço coletivo e tenho a sorte de estar cercada pelos melhores.

Para meu marido, Mike, você adoça as vitórias, ameniza as decepções, firma a roda e ama sem limites. Obrigada por me curar todos os dias. Você é meu momento mágico original.

Para meus filhos, Grayson e Jack, que vocês conheçam um mundo curado. Que vocês sempre elevem as outras pessoas e sempre saibam que podem retornar para casa para se aterrar. Que vocês possam iluminar o caminho, mas mantenham um espaço livre para a escuridão. Que vocês cresçam fortes e sejam uma força do bem. Mamãe ama vocês.

Para meus pais, é por causa de sua base, seu amor, sua abundância e a bela vida que vocês dois construíram juntos que estou aqui, sem medo de reivindicar meu caminho de vida como bruxa. Não consigo pensar em um objetivo melhor como mãe do que criar um ambiente para meus próprios filhos que permita que eles vivam seu Eu mais verdadeiro, autêntico e feliz; vocês conseguiram isso à décima potência. Obrigada, Deus lhes abençoe, e eu amo vocês.

Para Kathy, Michelle e Mike, sou muito grata por nossa loucura. Obrigada por estar no meu clube de gente bonita.

Aos meus amigos, especialmente os Madmoms, KNC, Knotties, Vovô Dave, Natalie, Skelly, Laura e até Spike. Seu amor, suas risadas e seu apoio me deram uma vida inteira de aventuras, lições e memórias inestimáveis. Ah, sim, certo, vá com calma, querida, faça durar a noite toda.

À minha rede de apoio bruxo, em especial, Louisa, Briony e Josie. Vocês, bruxas, fazem meu coração cantar com verdadeira magia.

E para toda a comunidade Witch With Me, vocês me inspiram infinitamente.

Para minha equipe na Penguin Random House, vocês são simplesmente os melhores. Meg Ilasco, Debbie Reyhan e, em especial, Susan Randol. Obrigada por guiar esta bruxa "verde" pelo processo e empurrar este livro para onde ele precisava estar para ajudar a curar o mundo.

Para Gran E, Nanny, Poppop, tia Helen e Holmie. Sempre sinto vocês comigo. Espero deixá-los orgulhosos.